Un petit mot pour vous...

Texte intégral
© Pierre Antoine Courouble - Les éditions Samerlin
ISBN 978-2-9551013-4-6

Pierre Antoine Courouble

Nouvelles d'Ardèche
&
autres plumes

Les éditions Samerlin

Du même auteur :

« Si Joyeuse m'était conté » Théâtre. 2002
« Le fou du puits » Théâtre. 2004
« 1769, vous avez dit Boissel ? » Théâtre. 2005
« Petit Guide de la Révolution française ». Editions Aedis. 2005
« Citoyen Boissel ». Préface de Jean Ferrat. Les Presses du Midi. 2006
« Bréviaire de la révolution française ». Les Presses du Midi. 2007
« Joyeuse, la légende » Les Presses du Midi. 2007
« L'enfant qui parlait aux étoiles ». Roman. Les Presses du Midi. 2008
« L'énigme des bombes en bois ». Préface du fils de Lord Dowding. Les Presses du Midi. 2009
« L'énigme Boissel, le philosophe sans visage ». Préface de Philippe Delaigue, maître de conférences à l'université de Lyon 3. Les Presses du Midi. 2010
« Lille-Lesquin d'hier à aujourd'hui » Préface de Bruno Bonduelle. Editions Samerlin 2014
« Précis illustré et bilingue de la Révolution française » en collaboration avec Frances Harper. Editions Samerlin. 2015
« 1789, Un Ardéchois dans la Révolution » Préface de Zarina Khan. Editions Samerlin. 2016
« Nouvelles d'Ardèche et autres plumes » Editions Samerlin. 2020
« A la poursuite de Salinger » en collaboration avec Gildas Jaffrennou. Editions Samerlin. 2021.

*À ma fille Laura, qui sut m'offrir l'hélice
qui manquait à mes ailes...*

Sommaire

Après l'orage

Avec ma compagne, nous avions transhumé en 1990 du Nord - qu'on n'appelait pas encore Les Hauts de France - pour les Cévennes ardéchoises dans le mythe du retour à la terre. Nous avions acheté à Sarrabasche sur la commune de Beaumont, en l'état et pour pas cher, une ancienne ferme qui avait été transformée en fromagerie, « la ferme du Peytot ». Nous allions enfin vivre de notre potager bio dans un habitat du XVIème siècle, survolé par les aigles, alimenté en eau potable par une source de montagne et, muni d'un compteur EDF que nous allions débrancher du réseau, suprême fantasme, grâce à des panneaux solaires qui devaient nous assurer une autonomie énergétique. De mon côté, je rêvais de créer en ce lieu une école parallèle qui aurait appliqué des principes innovants en matière de pédagogie inspirés des travaux de Rudolf Steiner et de Maria Montessori.

Autant le confesser, nous avons franchement échoué sur ces différents tableaux. Je devins un instituteur titulaire mobile de la fonction publique dont le bilan carbone allait être catastrophique avec mes multiples déplacements liés à mes remplacements. Une situation qui s'aggrava lorsque le militant écolo que j'étais devint Conseiller régional de 1992 à 1998, assurant parfois quatre déplacements à Lyon dans la semaine sans parler des réunions à Privas, Aubenas et dans d'autres villages ardéchois. Des déplacements forcément en voiture puisque les transports collectifs étaient quasi inexistants. À cette époque, l'écolo de terrain qui se rêvait écolo de terreau, était devenu un écolo de salon avec un potager totalement en friche et un compteur EDF qui tournait à plein régime en mode EJP (Effacement des Jours de Pointe) pour mieux réchauffer une piscine couverte qui n'avait pas accès au soleil.

De cette décennie vécue quotidiennement dans les hauteurs cévenoles, j'ai conservé en mon âme un magnifique album de souvenirs fait d'images, d'odeurs et de sons. Des rires d'enfants, des baignades en rivières, des cueillettes en forêt de châtaigniers, des rochers impressionnants, un soleil chaleureux dans un ciel souvent bleu, mais aussi parfois la pluie !...

Toute la nuit, une pluie diluvienne avait violemment battu les tuiles et les pierres du hameau. Au clair semi-obscur du matin, le ciel était encore chargé de lourds nuages gris mais le déluge avait cessé. Les herbes des prés, les feuilles des châtaigniers, tous les sentiers de terre et de roches ruisselaient encore de ce brutal baptême.

Il pleuvait rarement dans ces montagnes de la Cévenne ardéchoise. Mais lorsque le chant des cigales cessait et que le ciel tirait sa couverture grise, alors nous savions que toutes les puissances du ciel allaient se déchaîner. Dans cette partie des Cévennes, dominée par le massif du Tanargue, les orages étaient particulièrement terrifiants, et les Celtes d'autrefois avaient baptisé son majestueux sommet du nom de leur dieu du tonnerre, Tanaris, pensant qu'il y avait établi sa résidence.

Un sourd grondement attira l'attention vers l'extérieur de la ferme, il semblait remonter de la vallée. Ma compagne et moi avions gagné la terrasse du haut, véritable observatoire de montagne d'où l'on dominait les vallées de la Beaume et de la Drobie. Nous y avions une vue panoramique sur les contreforts du Tanargue et la montagne de Brison fièrement coiffée de sa tour féodale. Sous nos pieds, les dalles de pierre rouge étaient glissantes et l'air chargé d'une revigorante fraîcheur perçait nos narines. Le grondement était devenu fracas, il provenait du fond de la vallée. Cela ressemblait au rugissement d'un train. Immobiles sur ce balcon, nous embrassions d'un seul regard le panorama et ne pouvions prononcer un seul mot : nous contemplions l'ineffable.

De gigantesques résurgences jaillissaient des

flancs des montagnes pour dévaler les pentes abruptes bousculant chênes et sapins. En des tourbillons d'écume, les chutes d'eau se déversaient en contrebas dans des ruisseaux débordants qui, à leur tour, allaient se noyer dans une rivière devenue fleuve tumultueux. Le grondement qui nous avait tirés à l'extérieur provenait des gorges où résonnait le fracas de ces flots furieux se heurtant aux roches métamorphiques. Le spectacle était grandiose, il nous semblait que la nature toute entière orchestrait rien que pour nous une symphonie à la gloire des éléments, de l'eau et de la terre.

En cet instant sacré où nos oreilles étaient étourdies et où nos regards se fondaient dans tant de beauté, toute pensée s'effaçait pour céder place à un sentiment étrange et vertigineux. Un sentiment où se mélangeaient de la frayeur, face à ce déchaînement titanesque qui nous rendait petit et vulnérable mais aussi un sentiment d'émerveillement et de contemplation devant ces forces naturelles déployées. Médusés, nous restâmes silencieux sans bouger. Passé ce moment de sidération, un seul mot émergea dans mon esprit : merci. Un immense sentiment de gratitude envers la vie et les forces de l'univers m'envahissait. Nous n'étions ni en Suisse ni dans les Alpes autrichiennes, nous n'étions pas devant le Machu Picchu ni dans une lointaine montagne d'Amazonie.

Nous étions chez nous.

De la politique à la poétique
(Le discours de Meysse)

Sorti premier dans un concours de circonstances, le militant écologiste que j'étais à la fin du siècle dernier, ancien conseiller municipal puis communautaire, devint au printemps 1992, par la grâce du suffrage universel, le plus jeune élu Conseiller régional de l'Ardèche. Partisan d'une écologie pragmatique qui se voulait réaliste, je n'avais jamais trop bien su où se trouvait ma droite de ma gauche. Cette dyslexie politique m'avait un peu facilité l'accès à certains milieux centristes mais m'avait fortement compliqué les relations avec l'aile gauche ou droite de l'échiquier. Pour les uns, j'étais un horrible opportuniste arriviste, pour d'autres, un rêveur utopiste décalé des réalités. Je n'arrivais pas à trouver l'erreur.

À travers 18 années de militance écologiste, j'avais pu assurer plusieurs responsabilités locales, régionales ou nationales propres au mouvement écolo, que ce soit dans le Nord, à Paris ou en Ardèche. À l'exception tout de même de l'élection présidentielle, j'avais été à quatorze reprises candidat officiel dans tous les scrutins locaux, régionaux et nationaux qui existent en France. Réussissant ainsi à collectionner une superbe garde-robe garnie de 11 magnifiques vestes vertes. Par chance plus que par opiniâtreté, j'avais donc réussi à me faire élire aux mandats de conseiller municipal dans le Nord, de conseiller communautaire en Ardèche (Joyeuse) et de conseiller régional à Lyon.

Au terme de ce périple que je commençais à trouver fatigant, j'avais décidé de me tourner vers une militance plutôt culturelle. Progressivement, j'avais évolué de la politique à la poétique, des électeurs aux lecteurs, et je trouvais que je m'en portais, à tous points de vue, nettement mieux. La raison de ce changement d'orientation n'était pas due aux échecs électoraux qui étaient alors naturels lorsqu'on faisait la course en politique avec une casaque verte. Non, j'avais surtout évolué lorsque j'avais découvert que le vrai pouvoir était finalement dans les mains de décideurs qui n'étaient pas ceux que l'on croyait... Mais j'avais aussi découvert, fort heureusement, qu'il existait sur le terrain et dans la société civile, des acteurs de changement qui, à leur petit niveau, constituaient les ressorts discrets mais profonds d'une évolution de la société, de réels ferments pour l'avenir. Et avec le temps j'étais devenu adepte de Jung qui disait :

« Tu rêves d'un monde meilleur, plus fraternel, plus juste ? Eh bien, commence à le faire : qui t'en empêche ? Fais-le en toi et autour de toi, fais-le avec

ceux qui le veulent. Fais-le en petit, et il grandira. »

Parmi les souvenirs retrouvés dans des cartons d'archives qui allaient partir au recyclage pour papier par cet écrasant été 2019, j'avais retrouvé un discours prononcé le 20 juin 1992, devant la mairie de Meysse (Ardèche) où se tenait un rassemblement unitaire d'écologistes devant un mémorial scellé sur un mur à la mémoire de Vital Michalon, militant écologiste tué en 1977. Tout jeune Conseiller régional dévoré d'ambition (pour ma planète bien sûr - au moins ce que je me plaisais à croire à l'époque), je me sentais pousser des ailes jaurésiennes pour des discours enflammés. En relisant ce manuscrit à l'écriture brouillonne, je me suis ému de mes propres mots. Mais étaient-ils vraiment les miens ou plutôt ceux du souffle de l'histoire et du combat des hommes pour la vie ?

« Mesdames, Messieurs, mes chers amis,

Rien n'est jamais acquis à l'homme, ni sa force, ni sa faiblesse, ni son cœur. Ils sont là, à quelques kilomètres de nous, et ils sont fiers de leur force. Ils sont fiers des milliers de Kilowatts/heures qu'ils croient produire et qu'ils ne font qu'emprunter à l'avenir. Ils inondent la France d'une énergie surabondante, et de ce fait gaspillée, et dans des milliers d'années, quand il faudra continuer à traiter leurs déchets nucléaires, on s'apercevra qu'ils ont coûté à leurs descendants bien plus d'énergie que ce qu'ils en ont donné aux hommes et aux femmes de leur temps. Leur force est toute entière dans leur inconscience, ce qui ne veut pas dire qu'elle ne soit pas redoutable.

Mais ils sont aussi inquiets de leur faiblesse. Ils savent qu'après la mise au rencard que nous espérons définitive, de la force de frappe nucléaire, leurs chaudières sales n'auront plus de vraie justification. Ils savent que leur EDF bien-aimée, véritable état dans l'état, a dû, pour construire ses donjons, s'endetter au-delà de toute raison. S'ils ne nous convainquent pas, à grands coups de fresques et de lasers, de consommer encore plus de courant électrique, leur entreprise de mort est condamnée.

Pourtant, nous avons besoin d'eux ! Nous avons besoin de l'électricité, nous avons besoin des savants, des techniciens, des ingénieurs, qu'une politique criminelle a engagé dans l'impasse nucléaire. Nous ne sommes pas des partisans de l'obscurantisme comme une propagande stupide aimerait en persuader le public. Nous demandons, au-delà du nucléaire, une formidable avancée de la science ; elle doit devenir capable de domestiquer l'énergie solaire. Soit directement, 10% d'ensoleillement fournissant à la terre plus d'énergie que toute l'humanité n'en a besoin en 365 jours, soit par l'intermédiaire de la fusion, ou encore en domestiquant la géothermie, l'énergie éolienne ou celle de la biomasse et du pétrole vert qui pourrait offrir une diversification pour notre agriculture. Et pour sortir du nucléaire, nous aurons d'ailleurs besoin de ces hommes et de ces femmes qui travaillent actuellement dans le nucléaire !

Ces hommes et ces femmes ne sont pas sans cœur. Pour beaucoup, l'aventure nucléaire était un pas en avant pour l'humanité, en dépit de la bombe, en dépit d'Hiroshima, en dépit du crétinisme militariste. Et aujourd'hui ils doivent se rendre compte que l'énergie nucléaire est pour l'humanité, un danger majeur. Qui ne se souvient de Three Miles Island puis de Tchernobyl* ? Est-ce que les savants américains puis soviétiques n'étaient pas, eux aussi, sûrs de leurs techniques ? Et où sont donc, ceux qui, en France, en 1986, assuraient que la radioactivité ne présentait aucun réel danger pour les populations ou qu'elle était négligeable ? Permettez-nous de penser, six ans plus tard, que ce ne sont pas leurs légumes qui portent la mort, et que ce ne sont pas leurs enfants qui naissent avec, dans leur corps, les stigmates d'un cataclysme radioactif.

Et nous pensons à vous, Michalon si justement prénommé Vital, vous qui nous avez quittés, un beau jour de juillet 1977, parce que vous vous opposiez à la folie suprême, à cette machine à poison qui ne peut que produire davantage de poison, à ce surgénérateur dont la reprise menace sans cesse. Après vous, aussi forts que vous, puisant dans votre souvenir plus de force, nous réclamons l'arrêt définitif de l'usine de

Creys-Malville.

Mesdames et Messieurs, chers amis, ne nous laissons pas acheter. C'est par des fêtes somptueuses que les puissants veulent parfois séduire, puis soumettre les humbles. Nous tenons le bon cap, partout dans le monde, le nucléaire a du plomb dans l'aile ! Demain, quoi qu'il advienne, la centrale de Cruas fermera. La durée de vie normale d'une centrale est d'environ 25 ans. Elle en a encore pour une dizaine d'années, un peu plus, un peu moins. D'ici là, il faut qu'elle tourne le moins possible afin qu'elle produise le moins de déchets possibles. Il faut que les énergies nouvelles prennent leur place, le plus tôt, et le plus complètement possible. C'est ainsi que débarrassés du cauchemar nucléaire, nous bâtirons ensemble une vallée du Rhône prospère et dynamique, avec tous ceux qui voudront participer à notre effort.

Le nucléaire avec ses centrales, ses déchets, ses bombes et ses martyrs, ne sera jamais que l'avenir de ceux qui n'en ont pas eu d'autre.

Je vous propose maintenant, Mesdames et Messieurs, d'observer une minute de silence à la mémoire de Vital Michalon et de toutes les victimes civiles de l'industrie liée au nucléaire civil ».

auquel se rajoute depuis 2011, la catastrophe de Fukushima (nda).

Merci François !
(Désolé Pierre...)

Il est des rencontres qui marquent un tournant dans le cheminement de l'existence. Par une curieuse facétie du destin, la découverte de la vie et de l'œuvre de François Boissel marqua une réorientation assez radicale de mon parcours personnel et professionnel. Ce siècle n'avait qu'un an et j'étais alors un ancien élu local et régional qui s'apprêtait à reprendre du service en Ardèche méridionale. Sur la commune de Joyeuse, j'œuvrais à la création d'un musée historique qui ambitionnait de valoriser la richesse patrimoniale de cette cité ducale afin de diversifier l'offre en matière de tourisme culturel.

Le maire de l'époque, Jacques Lacour, me parla d'un natif de la commune, obscur révolutionnaire tombé dans l'oubli mais dont Jaurès parlait avec enthousiasme, il s'agissait d'un certain Boissel, auteur d'un « Catéchisme du genre humain ». Nous étions aux débuts de l'Internet et je consultai le sujet sur le web pour ne rien trouver sauf quelques références sur des sites de librairies spécialisées dans la vente de livres anciens à Paris, Barcelone ou Amsterdam. Je me souviens notamment d'un exemplaire original du Catéchisme du Genre humain vendu à Lyon pour 3500 €. Visiblement, si le personnage était peu connu ou reconnu, il était très apprécié des spécialistes collectionneurs. Je lus Jaurès, me procurai une copie du Catéchisme et là, je tombai sous le charme. La vie, l'œuvre et le parcours de Boissel en pleine Révolution me fascinaient.

J'en parlai à un ami, historien ardéchois, Michel Riou. Celui-ci reconnut l'intérêt philosophique et historique du personnage mais il était sur d'autres projets d'écriture et n'avait pas le temps d'investiguer sur le sujet. « Désolé, Pierre, mais je n'ai vraiment pas le temps en ce moment avec mes livres en cours d'écriture » s'excusa-t-il. N'ayant pas rencontré de retours positifs chez d'autres historiens locaux, je décidais de me coller au sujet. Paris, la Sorbonne, les Archives nationales, la Bibliothèque nationale, je me prenais de passion pour ce personnage hors du commun. Précurseur du socialisme, de l'écologisme, de la laïcité, du féminisme. En trois années de recherche et de découvertes, ma conviction était faite, il fallait et je voulais faire sortir François Boissel de cet oubli historiographique et lui rendre justice. J'avais été frappé par une idée exprimée par lui dans ses correspondances conservées aux Archives nationales à propos du théâtre. Il voyait dans ce genre « le moyen de toucher l'opinion et de porter les idées des Lumières ». Il avait raison, sa vie romanesque et sa pensée d'une incroyable intemporalité, devaient être mises en scène !

Je contactai un ami dramaturge ardéchois, Roger Lombardot, qui trouva également le sujet très intéressant mais, comme Riou, il déclina l'offre. « Désolé Pierre mais je suis totalement absorbé par ma nouvelle création théâtrale ». Bon, ben, qu'à cela ne tienne, je me résignai donc à prendre ma plume pour écrire en 2004 et pour la première fois de ma vie un docudrame : *Citoyen Boissel*. Je publiai l'ouvrage à compte d'auteur dans un cercle de diffusion plutôt restreint pour ne pas dire confidentiel. Deux ans plus tard, alors que je publiais, toujours à compte d'auteur, *Joyeuse la légende*, une ancienne enseignante de la Sorbonne, Françoise Tardieu, eut le manuscrit entre les mains. Après l'avoir lu, elle s'enthousiasma pour le sujet et m'encouragea à chercher un éditeur pour le publier. Elle me suggéra de l'adresser à Jean Ferrat. Je n'y croyais pas trop, Ferrat n'avait jamais accepté de signer la moindre préface de livre même pour ses proches amis avec lesquels il jouait à la boule lyonnaise sur la place d'Antraigues. Je me risquai tout de même à lui faire parvenir mon tapuscrit sans grande conviction. Et, ô divine surprise, quatre mois plus tard, c'était le 12 juillet 2006, mon téléphone-fax sonna et devant mes yeux écarquillés, se déploya le texte d'une préface signée de Jean Ferrat. Un court texte où il concluait : « Cet homme est proche de moi, avec ses enthousiasmes, ses doutes, ses rêves, présent et fraternel, il mérite sa place à nos côtés. » Un mois après cet envoi, les Presses du Midi m'accordaient un contrat d'éditeur pour la parution de *Citoyen Boissel*.

Devenu « historien local de la Révolution » pour cause de « Boisselisme », l'enseignant que j'étais évoluait en écrivain et conférencier. S'ensuivit une période de dédicaces et conférences avec la réédition de quatre livres de Boissel puis la publication de *L'énigme Boissel*, un ouvrage de synthèse qui sera salué à Paris par le Cercle d'études babouvistes puis par la Société des Études Robespierristes. Cette dernière me proposant d'entrer dans sa société grâce au parrainage des historiens Claude Mazauric et Hervé Lauwers. Progressivement, l'idée d'adapter à la scène « Citoyen Boissel » s'imposait à moi et c'est en 2009, à la faveur d'une rencontre avec Blandine Belghit, une talentueuse actrice d'Annonay, que le projet allait devenir réalité. Séduite par le concept théâtral, elle me fit rencontrer Jean-Richard Wagner, acteur et metteur en scène ardéchois, susceptible d'incarner le rôle de Boissel. Après deux ou trois séances de travail, ce dernier, déjà pris par d'autres activités théâtrales, renonça finalement au rôle. « Désolé Pierre Antoine, mais il y a trop de texte et je n'aurai pas le temps ». Il accepte cependant d'assurer une direction d'acteurs sur cette pièce dont Blandine construisit la mise en scène. « Mais pourquoi ne ferais-tu pas le rôle, toi qui connais par cœur sa vie ? Je te formerai », me lança comme en défi la metteur en scène.

En décidant de jouer et d'incarner sur scène le personnage de mon livre, je franchissais un nouveau pas décisif dans mon cheminement personnel. L'acteur de la scène politique allait se muer en acteur de scène de théâtre ! Rôles très voisins, diront certains. S'ensuivirent deux années de labeur sur scène afin d'offrir un spectacle qui se voulait de qualité. Il y eut des centaines d'heures de travail sous la direction d'acteur de Jean-Richard (intonation, diction, regards, gestuelle, déplacements, émotions) et tout autant avec Blandine Belghit pour la mise en scène et le travail sur l'univers des personnages. Un travail qui finit par aboutir à une pièce de 90 minutes qui allait partir en tournée sans discontinuité dans les années qui suivirent impliquant plusieurs actrices successives dans le rôle principal féminin : Laetitia Rodier, Charlotte Duthoy, Magali Riffart...

L'aventure artistique Boissel n'allait pas en rester à la scène théâtrale mais connaître un nouveau développement dans le septième art, cette fois. En 2007, l'éditeur des Presses du midi m'avait transmis un courrier de Costa Gavras qui me remerciait pour mon travail de mémoire en faveur du révolutionnaire ardéchois qu'il portait manifestement en estime. L'année suivante, un réalisateur travaillant pour ARTE, Philippe Nahoun, vint à Joyeuse. À l'occasion du 14 juillet où la municipalité rebaptisait la route nationale en Avenue François Boissel, il tourna un documentaire de 52 mn « Le discours oublié » pour le compte de l'association « Culture et Patrimoine en Pays Joyeusain ». Film qui fut projeté en juillet 2008 lors d'un colloque sur Boissel organisé en partenariat avec la Libre Pensée ardéchoise et le Cercle d'études babouvistes de Paris. Le réalisateur de ce film, qui fut diffusé par DVD, était séduit par l'idée d'une fiction sur Boissel à la condition qu'il trouve une production. Mais le temps passa et rien ne se concrétisa : « Désolé Pierre, etc... », je connaissais l'antienne.

En 2010, l'association « Cercle Boissel » qui s'était créée décida de réaliser en autoproduction une fiction long métrage *Boissel* adaptée de la pièce. Le dramaturge débutant devint donc scénariste dilettante et toute une équipe d'amateurs passionnés renforcée par des professionnels bénévoles et des acteurs de la FNCTA se mobilisèrent en 2010-2011. Une jeune réalisatrice pressentie pour cette aventure un peu folle ayant jeté l'éponge dès la première journée de tournage, il fallut s'improviser réalisateur en même temps qu'acteur, une vocation nouvelle venait de naître... Après bien des vicissitudes, le film sortit en 2012 et connut une diffusion en salles privées, sur support DVD et se trouve aujourd'hui en visionnement gratuit sur Youtube.

Cette aventure humaine qui avait mobilisé tout le village natal de Boissel, déboucha sur la naissance d'un festival du film atypique à Joyeuse et en Ardèche, le « Festival du film Artisanal et Audacieux » qui faillit bien s'appeler « Festival du film sans le sou » ! Dans le cadre de ce festival, Jean-Pierre Mocky découvrit en juillet 2014 le film *Boissel*. Le concept scénaristique le séduisit et il décida de l'adapter avec des moyens professionnels dans une nouvelle version cinématographique et scénaristique impliquant un Boissel contemporain sous les traits d'un SDF lyonnais. Une boîte de production soutenait le projet qui devait se concrétiser en 2019-2020. « Désolé Pierre » m'annonça Michel Coste, un ami ardéchois, coproducteur du projet, lorsqu'il m'annonça le 8 août 2019, que Mocky venait de lancer le clap de fin du film de sa vie. Le projet sera-t-il repris plus tard par un autre ? Peut-être, et puis qu'importe. Car non, il n'y a pas à être désolé car moi en tout cas je ne le suis pas. À cause, ou plutôt grâce à François Boissel, j'ai évolué de la politique à la recherche historique puis à l'écriture. Toujours grâce à lui, j'ai dû évoluer de l'écriture historique à l'écriture dramaturgique puis scénaristique et même à la mise en scène, au cinéma et au jeu d'acteur. Sans lui, vous n'auriez pas entre les mains le livre de l'écrivaillon ardéchois que je suis devenu.

François Boissel dont on n'a jamais retrouvé ni la tombe, ni l'acte de décès, que ce soit dans les archives municipales de Joyeuse, les archives départementales de Privas, ou les archives nationales à Paris, a probablement fini anonymement dans une fosse commune, oublié de ses contemporains. La musique, comme le nom de Vivaldi, furent également très vite oubliés après la mort du compositeur italien en 1741. Elle n'a retrouvé de l'intérêt auprès des érudits du XIXème siècle qu'à la faveur de sa redécouverte par Jean-Sébastien Bach. Mais la véritable reconnaissance aura lieu durant la première moitié du XXème siècle, grâce aux travaux de musicologues, l'implication de musiciens de renom et l'enthousiasme de quelques amateurs éclairés.

Jaurès sera-t-il le Jean-Sébastien Bach de François Boissel ?

Soboul, Ioannissian, Rosemberg, Makoto Takahashi, Philippe Delaigue les érudits de renom ? Et Jean Ferrat ou encore Jean-Pierre Mocky, les enthousiastes éclairés de la cause boisselienne ? Demain, son œuvre maîtresse *Le Catéchisme du genre humain* comptera-t-elle parmi les plus populaires de l'historio-bibliographie révolutionnaire, tout comme les *Quatre Saisons* compte aujourd'hui parmi les œuvres les plus populaires du répertoire classique ? Les prochaines décennies le diront mais d'ores et déjà, le rêve de Boissel est plus que jamais bien vivant aujourd'hui. Des étudiants s'emparent du sujet pour des mémoires de Master 2 et des thèses, il inspire et continuera d'inspirer des passionnés de théâtre, de cinéma ou d'histoire. Et cadeau suprême, sa géniale folie nous fait rêver d'un monde meilleur.

Alors, merci François...

Le fantôme de Coucouron

Je ne crois pas aux fantômes, pas plus aux esprits frappeurs qu'aux maisons hantées. Mais je dois bien reconnaître qu'après mon expérience de Coucouron, un doute insidieux et déconcertant s'était installé en moi. Fantôme ou fantasme, allez savoir ?

J'étais alors instituteur titulaire remplaçant, un métier que j'aimais parce qu'il me permettait d'exercer ma passion pour l'enseignement, sans connaître la routine et tout en voyant du « pays ». Certes, il fallait beaucoup de souplesse pour faire le grand écart entre les petites sections de maternelle et les classes d'enseignement spécialisé en collège. Mais j'avais signé pour cette carrière-là et je ne l'avais jamais regretté. Voyageant effectivement par vallées et monts ardéchois, je rencontrais parfois des personnalités « hautes en couleur » dans des écoles petites ou grandes, faisant tantôt office de surveillant de passage, parfois de Samu ou de pompier dans des classes en difficulté, ou encore de VRP de la pédagogie quand il le fallait.

Lorsqu'un froid matin de décembre, la secrétaire

de l'inspection d'Aubenas m'appela pour me donner ma nouvelle affectation, deux jours en cycle 3 à Coucouron, je me suis demandé s'il n'y avait pas eu une erreur de l'administration. De mon domicile de Joyeuse à Coucouron, la neige aidant, je devais mettre plus de trois heures pour l'aller. Pas question de faire deux fois le trajet dans la journée. Mission de service public oblige, il fallait me résoudre à dormir sur place. Au téléphone, le directeur m'avait rassuré, certes il y avait bien de la neige sur le plateau mais le chasse-neige était passé. L'école était bien chauffée, équipée d'un réfrigérateur et d'un four à micro-ondes « qui fonctionnaient ». Suprême argument, l'école disposait d'un logement de fonction vacant qui pouvait accueillir mon lit de camp. « Prévoyez vos chaussons » avait-il ajouté.

À mon arrivée, j'eus l'impression de pénétrer dans un chalet suisse. L'école était sur deux niveaux, les classes se situaient à l'étage, la salle de motricité et la cantine au rez-de-chaussée. En voyant toutes les chaussures, bottines et après-ski alignés au pied de l'escalier, je compris mieux la nécessité des chaussons pour aller en classe et ménager le travail de l'employée de mairie. Pour la première fois de ma carrière, j'allais travailler en pantoufles ! Étonnante sensation.

La classe terminée, les consignes étaient simples. M'assurer que portes et fenêtres étaient closes, la nuit venue. Ne pas toucher au réglage du chauffage.

Bien éteindre toutes les lumières. Enfin et surtout, je devais veiller à bien remettre le drap blanc de protection sur la photocopieuse une fois celle-ci utilisée. Le bureau du directeur était en réfection et du plafond en mauvais état se décollaient des flocons de plâtre qui pouvaient perturber le bon fonctionnement de la machine. Attenant à l'école, le logement de fonction dit vacant était en fait plutôt insalubre et occupé par une kyrielle de pots de peinture, cartons divers, vieux ordinateurs et autres archives poussiéreuses entassées çà et là depuis des années. Je décidai donc d'installer mon lit de camp dans la salle qui faisait office de dortoir en maternelle. Située en périphérie du village, l'école était isolée des autres habitations.

Le soir tombé, toute trace de vie scolaire ayant disparu, je décidais de faire un petit tour dans les salles, histoire de m'assurer de la bonne fermeture des portes extérieures, on ne sait jamais, et de l'extinction des lumières autres que celles de ma classe. Un silence lugubre s'était installé dans cette grande bâtisse complètement déserte et plongée dans une obscurité que contrariait à peine la lueur verte blafarde des enseignes lumineuses au-dessus de quelques portes indiquant : « Issue de secours. » Imagination alliée à ma peur archaïque du noir ? Bien que seul au monde dans cet univers nocturne, j'avais la désagréable impression d'être sans cesse observé dans la pénombre... Aucun son ne parvenait de l'extérieur où la neige s'était remise à tomber à gros flocons. Après un frugal repas, je m'étais attablé à un bureau d'écolier dans ma classe, pour pianoter sur l'écritoire de mon ordinateur portable. Je travaillais alors un essai sur la vie de Jules Verne, une de mes idoles.

Vers les 21 heures, je fus dérangé par ce qui m'apparut être des coups plus ou moins réguliers dans les murs, la charpente ou le plancher, je ne sus trop dire. Je décidai de suspendre mon travail sur le portable et de prendre le texte d'une pièce de théâtre que j'apprenais alors : *Vous avez dit Boissel*. Je me mis à déclamer à haute voix mes répliques tout en faisant les cent pas dans la salle de motricité voisine... Au bout d'une dizaine de minutes, je m'arrêtai net. J'étais certain d'avoir entendu en écho à ma voix le rire répété d'un enfant. Je parcourus à nouveau les locaux de l'école, espérant croiser un chat enfermé par mégarde dont les miaulements m'auraient perturbé. Rien. Personne. En arrivant devant le bureau du directeur, je réalisais que la lumière était allumée. *Je suis certain de l'avoir éteinte !* pensais-je. Plus troublant, je découvris sur place que la fenêtre était entrouverte et que le drap blanc de la photocopieuse traînait sur le sol. Je remis tout en place, éteignis les lumières et retournai à mon ordinateur, préférant dialoguer en silence avec Jules Verne que déclamer à haute voix les propos de Boissel.

Était-ce dû à l'isolement ? Au vent qui faisait délicatement claquer des rafales de neige contre les vitres des fenêtres sans volets de l'école ? Aux claquements étranges du circuit des radiateurs ? Toujours est-il que je me suis mis à penser au film *Shining* avec le personnage de l'écrivain incarné par Jack Nicholson qui devenait fou... Fou, j'avais le sentiment de le devenir. Était-ce mon imagination qui m'avait fait entendre ces étranges rires d'enfants ? Était-ce moi qui avais laissé allumée par mégarde la lumière du bureau ? Oublié de fermer une fenêtre dont le vent avait fait tomber le drap ? Je sursautai. À l'extérieur, la lumière venait de s'allumer dans la cour.

Qui donc avait enclenché le commutateur ? *Suis-je bête, sûrement un chien, ou un chat, aura-t-il déclenché le détecteur de présence* ! me dis-je pour me rassurer sans pour autant oser aller vérifier sur place mon hypothèse. Traversé par un bâillement de fatigue, je décidai sans plus tarder d'aller retrouver mon lit de camp. Et c'est vers les deux heures du matin que je fus réveillé en sursaut par un claquement répété et violent. Cela semblait venir à nouveau du bureau du directeur. Ne pouvant supporter ce bruit plus longtemps, je me rendis énervé dans ce fameux local. C'était la fenêtre, grande ouverte, qui battait au vent. La lumière était bien sûr allumée et le drap traînait par terre. Je remis tout en ordre et me souvins avoir hurlé de rage dans le couloir : « Maintenant, ça suffit !! » Le reste de ma nuit fut tourmenté par des rêves étranges où se mêlaient paysannerie, guerres de religions et autres chouanneries.

— Alors Pierre-Antoine, bien dormi ?

— Ça va, ça va..., maugréais-je à l'employée de mairie qui venait de bon matin effectuer son service de ménage avant d'ouvrir l'accueil garderie. Je buvais mon café dans la cantine et n'avais pas envie de causer sur ce que je considérais comme un mauvais rêve.

— Dites, la prochaine fois, pensez bien à éteindre la lumière du bureau avant d'aller vous coucher.

— Pardon ?!!

— Oui, elle était allumée, ce matin. En plus, vous avez oublié de fermer la fenêtre et de remettre le drap sur la photocopieuse.

Que répondre ? Je pris le parti de me taire.

Une autre école m'attendait le lendemain, ailleurs...

Le treizième personnage

Ma plongée dans l'univers du révolutionnaire Boissel fut précédée par une plongée passionnée dans l'histoire du Duché de Joyeuse, une épopée épique où la légende tutoyait l'histoire et la chronique locale déclinait la grande Histoire de France.

Pour valoriser le musée historique local qui venait de naître en 2001, « Espace historique et légendaire » de son vrai nom, j'avais écrit le texte d'une animation de rues qui mettait en scène une guide locale qui emmenait un groupe de visiteurs à la découverte du patrimoine local et surtout dans un voyage dans le temps où se croisaient et s'exprimaient des personnages costumés qui représentaient des figures historique de Joyeuse. Il y en avait treize au total, d'où le surnom que je lui avais donné de « visites treizatralisées ».

Il y avait Marcus Jallius Bassius qui fut consul de Rome sous Marc Aurèle, Charlemagne dont l'épée aurait donné le nom à la cité, le duc Anne de Joyeuse qui n'avait pas de féminin que son prénom, le cardinal de Joyeuse qui fut artisan de l'Édit de

Nantes, la duchesse Henriette Catherine de Joyeuse, le révolutionnaire Boissel, la duchesse de Monpensier dite la Grande Mademoiselle, Madame Martin la contre-révolutionnaire, Marc Cousin le tambour d'Arcole, la Gaudinelle, le général Chabert, le fameux colonel de Balzac, Monsieur Aimable le poilu de 14 et le personnage invisible de la Recluse. Le spectacle qui durait presque deux heures évolua en 2003 en une version comédie musicale réécrite et intitulée « Le fou du puits » sur des musiques composées par mon ami Roland Hours. Le texte intégral de cette visite, augmenté d'articles historiques, fut publié par les Presses du Midi sous le titre « La légende de Joyeuse ».

Le treizième de ces personnages, « La Recluse », consistait en une voix déclamée par une actrice de la troupe à travers une des meurtrières de la tour du même nom. Elle incarnait la légende d'une occupante qui aurait donné son nom à la bâtisse mais que j'avais transformée en une voix au-delà du temps, celle de la résistance de l'homme à toutes les oppressions. Mais paradoxalement c'est précisément au fil des ans, pour des raisons autant techniques que liées à la disponibilité des acteurs bénévoles, que cette voix fantomatique finit par disparaître du répertoire du spectacle. Dans ce recueil de nouvelles à la fois biographiques et bibliographiques, je ne pouvais faire autrement que de redonner la voix à ce personnage effacé pour que son message ne soit pas oublié.

LA RECLUSE

Guide : « Nous sommes sur la place de la Recluse qui tire son nom de cette tour qui est un monument célèbre à Joyeuse qui attire les touristes, c'est la Tour dite de Charlemagne ou Tour de la Recluse. En réalité, cette tour n'a rien de carolingien puisqu'elle a été construite en 1381 lorsque les remparts de la cité ont été érigés. Elle faisait alors office de tour de guet depuis laquelle se prolongeaient les remparts. Oh bien sûr, on a raconté bien des choses sur cette tour, notamment une légende selon laquelle elle aurait été habitée par une recluse, d'où son nom. En tout cas aujourd'hui, elle est inhabitée. »

Recluse : (Voix off.) « Comment ça, inhabitée ?! »

Guide : « Qui parle ? Montrez-vous ! »

Recluse : « Qui je suis est de peu d'importance. Je suis la Recluse. Et c'est de là, du premier étage de cette tour qui est mon domaine que je vous parle. »

Guide : « De quelle époque êtes-vous ? »

Recluse : (Rire) « Ha ha... Il fallait les voir passer ces hommes, soumis à un roi ou servants d'une république, voulant changer le monde par des idées, cherchant la gloire ou la liberté, courant après un dieu ou une épée. Ces hommes guerroyant pour l'empire et son empereur, ces hommes, quittant leur foyer pour aller inculquer par la force, leur foi et leurs idées à ces autres... Que l'on dit barbares... Un peu plus au nord... Un peu plus au sud... Ou bien vers l'est. »

Guide : « Mais de quel empereur parlez-vous ?! »

Recluse : « De celui dont les innombrables conquêtes ont poussé la romanité jusqu'aux frontières du nord... »

Guide : (En aparté au public) « Marc Aurèle ! »

Recluse : « ... De celui dont les innombrables conquêtes refoulèrent l'envahisseur vers le sud... »

Guide : (En aparté au public) « Charlemagne ! »

Recluse : « ... De celui dont les innombrables conquêtes se perdirent dans les plaines glacées de l'est. »

Guide : (Prise d'un doute) « Napoléon ?! »

Recluse : « ... L'empire... L'ultime : celui de la liberté, de la fraternité, de l'égalité ... D'ici ou d'ailleurs, ils sont tous identiques, seule la direction de leurs pas et le terrain de leurs exactions diffèrent. »

Guide : (Perdant patience) « Marc Aurèle, Charlemagne, Napoléon et maintenant la Révolution ? Mais de quel siècle nous parvenez-vous ? »

Recluse : « Tel le temps, je fus, je suis et je demeurerai la Recluse... Imperturbable à la versatilité de tous ces hommes, dont la vanité les fait se mouvoir, au gré des vents changeants, de leur velléité. »

(Suivait dans la version comédie musicale la chanson dite de « la Girouette de la Recluse », en référence à la girouette métallique noire en forme de drapeau qui coiffe la tour et porte la date 1889. Texte de l'auteur de ce livre sur une musique de Roland Hours)

LA GIROUETTE DE LA RECLUSE

Sur la tour de la Recluse, une girouette indique aux gens

Le sens du vent, certitude, mais aussi tout l'air du temps.

Ce n'est pas la girouette qui tourne,

C'est le vent, c'est le vent.

Ce n'est pas la girouette qui tourne,

C'est le vent, simplement.

(Refrain)

Hyacinthe Pavin, qui fut maire, très longtemps, très longtemps,

S'entend avec M'sieur d'Anglas sur ce constat, évidemment.

(Refrain)

M'sieur l'Cardinal de Joyeuse, bien avant de Talleyrand,

M'sieur l'Cardinal de Joyeuse et le pape, tout autant.

(Refrain)

Sous l'empire, Général Chabert, ne pensa pas autrement,

Quand le bon roi le nomma baron, en 22, naturellement.

(Refrain)

La morale de cette chanson que l'on chante avec le vent,

C'est qu'il ne faut pas s'attacher, durablement, finalement...

(Refrain)

Mes premiers pas sur la Lune

Quand on fait de la politique, on s'expose toujours personnellement par les engagements que l'on prend, ceux que l'on ne prend pas et par ceux que l'on a pris mais que l'on a oublié de tenir. Parfois aussi on s'expose par des déclarations intempestives qui se trouvent battues en brèche par le douloureux verdict du tribunal des flagrants délits, celui des faits. C'est la mésaventure qui m'est arrivée en 1998 et qui m'a valu la chance de vivre finalement une expérience physique et spirituelle inoubliable.

L'époque où je fus Conseiller régional écologiste à la Région Rhône-Alpes de 1992 à 1998 fut une période exaltante de ma vie durant laquelle j'œuvrais avec passion, comme non-inscrit, en tant que vert solitaire, afin de défendre les intérêts de l'Ardèche mais aussi de la région conformément à mes valeurs d'alors qui étaient celles d'un écologiste se définissant comme « réaliste, humaniste et centriste ». Je pensais alors connaître suffisamment le président de la région, Charles Millon, avec lequel nous avions loyalement négocié durant six ans les politiques régionales, en tant que groupe minoritaire. Aussi me crus-je, cruche que j'étais, autorisé à déclarer solennellement lors du renouvellement de l'assemblée en 1998, que « jamais au grand jamais, Charles ne pourrait se compromettre » dans une quelconque alliance avec l'extrême-droite afin de garder la présidence de la Région. Hélas les faits contredirent totalement mon sens de la prédiction politique, puisque l'intéressé fit exactement le contraire de ce que j'avais pronostiqué.

Il était devenu clair pour moi que je devais changer de métier. C'est à ce moment précis que je décidai de changer d'orientation de vie, en passant de la politique au poétique, des électeurs aux lecteurs, et de tourner – presque – une bonne fois pour toutes la page de quinze années de militance politique. Presque car une petite piqûre de rappel se fera dix ans plus tard comme nous le verrons dans un chapitre un peu plus haut.

Pour l'heure, il fallait me faire oublier, et je me suis mis à pratiquer, avec passion, un sport qui m'évitait de raser les rues : la spéléologie ! Mais pas n'importe quelle spéléologie. Non, la « désob » ! Comprenez la pratique de la désobstruction souterraine dans les cavités spéléos. À l'époque, nous vivions dans la fascination de la découverte de la grotte Chauvet. Avec Jean-Claude de Grospierres, une connaissance de Jean-Marie Chauvet, nous avions pris l'habitude d'explorer plusieurs cavités sauvages d'un plateau calcaire dans l'espoir de rencontrer le fameux trou souffleur qui nous aurait ouvert la voie à une nouvelle caverne d'Ali-Baba ardéchoise. Depuis plusieurs semaines, nous consacrions nos temps de loisirs sur un site intéressant à Saint-Germain. Deux bonnes tonnes de gravas avaient déjà été évacuées dans un boyau et nous avions dégagé un orifice qui donnait – divine surprise ! – sur une salle dont on distinguait à la lumière de nos torches des concrétions de calcite et une draperie. Déjà notre imagination s'enflammait, les mineurs de fond que nous étions s'étaient transformés en Indiana Jones ardéchois au seuil d'un Graal. Nous allions enfin ressentir la grande émotion du découvreur, l'instant magique du premier homme faisant les premiers pas sur un sol jamais foulé depuis que la terre est terre. À moins qu'elle ne le fût déjà par les premiers hommes, auquel cas, devant nos yeux ébahis, nous allions peut-être découvrir une nouvelle chapelle Sixtine de l'art pariétal.

Nous n'avions pas eu besoin de tirer à la courte paille pour savoir lequel de nous deux allait avoir le privilège de s'engager dans le fascinant orifice puisque Jean-Claude était trop costaud pour s'y glisser. L'ouverture donnait dans une vaste salle dont le plancher était à quelques mètres en contrebas. Jean-Claude m'assura avec une corde et je descendis jusqu'à poser le pied sur un sol gris-blanchâtre, dur et humide. Me vint alors les fameux mots prononcés par Neil Armstrong lorsqu'il posa le premier pied sur la lune : « Un petit pas pour moi, un grand pas pour... La spéléologie ?! »

Hélas, non. Outre une assez belle draperie, quelques stalagmites et stalactites plutôt communs et un petit gour sympathique qui témoignait d'une relative activité de la cavité, la salle était finalement assez ordinaire et pas très grande. En revanche, le sol, couvert de calcite, était d'un magnifique blanc gris avec parfois des reflets argentés sous l'effet des rayons de ma lampe frontale. En me déplaçant prudemment, pour ne pas glisser entre les concrétions, j'observai la vapeur de mon haleine, la danse des ombres sur les parois, l'empreinte de mes pas sur le sol. Je vécus alors l'instant avec une rare intensité. J'étais bien le premier être vivant à observer cet espace et à en fouler le sol. Et c'est vrai que pendant quelques longues minutes : j'eus le sentiment de faire mes premiers pas sur la lune.

Revenus à l'air libre, Jean-Claude s'empressa de dessiner le relevé topographique de cette cavité qui allait enrichir l'Inventaire départemental des cavités souterraines de l'Ardèche.

— On pourrait la baptiser « Grotte de la lune » suggérais-je pompeusement.
— Trop petit pour lui donner un tel nom, répliqua Jean-Claude. Heureusement que l'on n'est pas obligé de donner un nom à toutes les cavités que l'on fait naître, ajouta-t-il.

Je n'insistai pas. Sur le chemin du retour, alors qu'il conduisait sa vieille Lada 4x4 Niva sur la route de Grospierres, ma pensée vagabondait de ma petite grotte de la lune aux propos qu'il m'avait tenus : « Les cavités que l'on fait naître... » Cette expression sortie naturellement de sa bouche me plongeait dans un abîme de perplexité philosophique. Cette grotte existait sous nos pieds depuis des milliers d'années, bien avant que nos lampes frontales n'y caressent pour la première fois la blancheur de ses concrétions. Me revenaient à l'esprit des cours de philo de lycée sur l'idéalisme empirique de Berkeley pour qui seuls les objets perçus par l'esprit sont « réels ». Et surgissait alors, au détour d'un virage, le fameux chat de Schrödinger de la mécanique quantique selon laquelle un chat enfermé dans une boîte peut-être à la fois mort ET vivant, tant qu'on n'a pas ouvert la boîte... Cette grotte, qui devenait dans mon esprit de plus en plus grande et de plus en plus belle à mesure qu'on s'en éloignait ; cette grotte où je m'étais senti marcher sur la lune, était-elle donc réelle ET inexistante tant que je ne l'avais pas foulée du pied ?...

— Tu te poses trop de questions, Pierrot, me rasséréna mon chauffeur et guide, qui était aussi un brin philosophe. Hier cette grotte n'existait pas dans mon répertoire topos, aujourd'hui elle vient de naître. Tout n'est que transit en ce monde, entre un ailleurs et un ici. Tant que l'ailleurs n'est pas ici, il n'existe pas. Point barre. Et maintenant que nous arrivons chez moi, allons vérifier si deux bonnes bières fraîches ne viennent pas de naître dans mon frigo.

J'aimais le sens philosophique de Jean-Claude.

Ça presse

Émile Zola disait du journal qu'il « tendait à mettre à la porte la littérature ». En désaccord sur ce point précis avec lui, je dois confesser, sans aucun doute possible, que c'est bien la presse écrite qui m'a aidé à mettre le pied dans l'écriture pour devenir, à ce jour, l'écrivain le plus célèbre de la place de la Recluse à Joyeuse. Au départ, mon engagement dans la PQR comme on dit (Presse Quotidienne Régionale) - à ne pas confondre avec le sigle SPQR qui était l'emblème d'un autre empire, celui de Rome - était dicté par des considérations bassement matérielles. Mon maigre salaire d'instituteur était alors grevé par de multiples pensions alimentaires et ma situation financière aggravée par de suicidaires crédits « revolving », ceux-là mêmes qui tournent très bien comme un revolver sur votre tempe...

Au tournant de ce siècle, je rédigeais bénévolement un bulletin municipal, « L'écho de Joyeuse », quand le correspondant en place du journal « La Tribune », Pierre Crotte, qui officiait depuis 60 ans pour plusieurs journaux, me proposa de prendre sa succession au journal de Montélimar. Lui avait connu une époque héroïque, celle d'avant Internet. Il se déplaçait le plus souvent à vélo pour rencontrer des personnes ou assister à un évènement. Avec un crayon mine, il saisissait ses notes sur un carnet, puis prenait des photos avec un vieil Instamatic Kodak 500 afin de figer la rencontre sur une pellicule noir et blanc qu'il développait chez lui, dans un placard, chambre noire improvisée. Après un tirage sur papier, il tapait avec sa machine Olivetti un formulaire type qui devait être remis sans faute le lendemain au petit-matin dans une enveloppe spécifique qui partait dans un car faisant la navette quotidienne pour Aubenas.

Une époque de pionniers que je n'ai jamais connue. D'un côté, la procédure de collecte et de transmission avait été simplifiée par la photo numérique, le traitement de texte, les correspondances par mail et l'enregistrement direct des articles sur des réseaux intranet. D'un autre côté, le travail avait été complexifié, nous devions mettre en forme les articles qui devaient absolument entrer dans des cases au format prédéfini et ne supportaient aucune exception. Un article courant ne devait pas excéder 2000 signes, une photo légendée 600 signes, une virgule de trop et l'article était rejeté par le robot. De même pour les photos qui devaient comporter un nombre minimal de pixels, sinon poubelle ! Par ailleurs, la facilité de la communication faisait qu'on produisait de plus en plus d'articles et donc que l'on couvrait de plus en plus d'évènements.

Comme j'étais assimilé à un travailleur indépendant, j'étais libre de mes collaborations, et rapidement je me mis à travailler - découverts bancaires obligent - non seulement pour « La Tribune », mais également pour le « Dauphiné Libéré », « Terre Vivaroise » et enfin « Midi-Libre ». Au mieux de ma forme de correspondant de presse, je produisais entre huit à dix articles par semaine, un nombre qui se trouvait multiplié par autant de journaux qui acceptaient mes piges.

Les rédactions n'aimaient pas bien les « multicartes » dans mon genre car la concurrence entre certains de ces titres était parfois féroce. Une attitude qui me paraissait souvent surréaliste quand je savais que deux de ces titres travaillaient in fine pour les actionnaires d'un seul et même groupe de presse et qu'ils se partageaient les mêmes latrines dans leurs locaux d'Aubenas. Quoi qu'il en soit, ces rédactions me fixaient comme contraintes que mes articles soient toujours « uniques » ou « exclusifs ». Pour répondre à cette exigence de différenciation rédactionnelle, je changeais dès lors systématiquement les titres et sous-titres de mes papiers et faisaient du Molière dans le corps de texte de mes papiers. Dans la Tribune « Vos beaux yeux, belle Marquise, me font mourir d'amour », devenait dans le Midi-Libre « D'amour mourir me font, belle Marquise, vos beaux yeux ». Et pour les illustrations photos, je prenais systématiquement des clichés avec des angles de vue « côté jardin » puis « côté cour », une vue de l'assistance depuis la tribune et une autre de la tribune vue depuis l'assistance. Parfois aussi je recadrais tout bonnement certaines photos pour qu'elles apparaissent différentes.

Parallèlement à mon boulot de prof, ce travail pour la presse écrite développa certaines aptitudes dans mes doigts et mon esprit, qui allaient sinon provoquer, au moins faciliter mon engagement dans l'écriture puis la littérature. Une motivation qui se renforçait d'autant que je finissais à la longue par me lasser de tous ces reportages rarement passionnants qu'il me fallait couvrir. Je réalisais aussi que cette activité journalistique était extrêmement chronophage. Je m'étais amusé à calculer, grâce à l'informatique, que l'ensemble des articles de presse rédigés pour les journaux de 2001 à 2019, mis bout à bout, représentait l'équivalent d'un texte de plus d'un million de mots (1 416 960 exactement), soit en volume l'équivalent de la production de 34 ouvrages comme l'Énigme Boissel. C'est pour cela qu'en 2019, je décidais de mettre un terme à plusieurs de ces collaborations, ne conservant qu'une seule carte de presse au journal « La Tribune » pour lequel j'effectue encore occasionnellement des portraits ou des reportages.

Le job de correspondant de presse m'aura fait découvrir une mission de contact au service d'un territoire et de ses habitants. Grâce à cette fonction, j'ai eu la chance de rencontrer de belles personnes. Je me souviens de magnifiques rencontres avec

Monseigneur Gayot, l'évêque sans diocèse, Jean-Pierre Mocky, le cinéaste sans salles de cinéma, le philosophe Pierre Rabhi, l'astrophysicien André Brahic, l'historien de la Révolution Claude Mazauric, le chanteur Christian Decamps du groupe Ange ou encore plus localement la dramaturge Zarina Khan ou l'écrivaine Diane Peylin. Mais j'ai aussi rencontré de très belles personnes chez des anonymes, des bénévoles du monde associatif, des artistes ou encore des entrepreneurs ou acteurs de terrain discrets. Des personnes âgées aussi, comme Arnal Kléber que j'ai eu le bonheur d'interviewer et filmer à plusieurs reprises à l'hôpital de Joyeuse et qui vécut 103 ans, ou encore Alfred Paravy, 94 ans, un ancien pilote de chasse, vétéran de la Seconde Guerre mondiale. Bien mieux que d'avoir appris à manier le stylo ou le clavier, de mettre converti à l'écriture ou à la littérature, la plus beau des enrichissements aura été, pour moi, d'avoir appris à m'ouvrir aux autres, d'avoir appris à aimer les gens.

Alors merci Pierre Crotte, toi qui as rejoint le paradis des photographes correspondants de presse en 2012, en me transmettant ton flambeau en 2001, tu m'as fait le plus beau des cadeaux, une plume de Pierrot.

Trois fois la mort tu croiseras !

— Vous habitez chez vos parents ?

— Plus depuis trente ans !!

Ma réponse était quelque peu excédée, elle avait même jailli dans un éclat de rire nerveux tant le paradoxe de la question s'était ajouté à celui de la situation. Ma Renault Clio était sur le dos une dizaine de mètres en contrebas dans le ravin. La 607 Peugeot break de mon collisionneur était au beau travers de la route, l'avant totalement éventrée sous la violence du choc. Une immense flaque d'huile mêlée d'essence entachait le macadam. L'homme qui n'était pourtant pas un sujet britannique avait oublié qu'en France, on roulait sur la droite de la chaussée. Peut-être son âge, que trahissaient une chevelure de neige et de profondes rides sur le visage, justifiait-il les quelques secondes d'absence qu'il venait d'avoir au volant. Ce dernier crut bon d'en rajouter.

— Vous m'avez fait peur ! J'ai cru que vous étiez mort.

— Eh bien moi, grâce à vous, j'ai croisé par trois fois la mort.

L'homme au dos voûté par le poids des ans ne releva pas. Il m'expliqua tout bonnement comme pour s'excuser, qu'il ne m'avait pas vu. Qu'après la violence du choc qui avait stoppé net son véhicule et déclenché l'airbag qui lui avait masqué la vue, il était descendu tout abasourdi, ne comprenant rien à ce qui s'était produit et tout surpris de ne voir aucun véhicule devant le sien. Et pour cause, puisque le mien venait de ribouldinguer dans le ravin.

Ça fait drôle de croiser la mort par trois fois. Plus exactement d'avoir le sentiment de frôler cette dernière à trois reprises très rapprochées. Je savais que la descente de Chapias avait mauvaise réputation, de nombreux accidents s'y étaient déjà produits, dont certains fatals pour leurs conducteurs ou occupants. Les services de l'équipement avaient fini par installer de solides glissières en bois pour protéger les usagers d'un éventuel plongeon dans le ravin. Sur le dernier virage en direction de Rosières, l'Équipement n'avait pas jugé bon de mettre un parapet, et c'est là, bien sûr, que ma fameuse rencontre devait se produire.

Je me souviens avoir réduit l'allure de mon véhicule et serré naturellement ma droite à la vue de la 607 gravissant la côte. Que s'est-il passé ensuite ? Dans un virage sur ma droite, le véhicule arrivant en sens inverse s'est brutalement déporté sur sa gauche pour se retrouver exactement face à moi. Étais-je devenu complètement invisible à ses yeux ?! Je me souviens encore de l'expression de surprise livide de mon interlocuteur dont j'ai eu l'impression de pouvoir toucher le visage avec la main.

— Que fait-il ce c... ?!!! avais-je crié.

Je me souviens encore très exactement des pensées qui se sont bousculées dans ma tête à l'instant précis où retentit le choc sourd de la collision. *Mourir ?... Maintenant !?... Non ! C'est trop tôt. Mes enfants. Ma femme. Mes livres. Le tournage du film... Boissel !!*

Mon corps gardera longtemps encore la mémoire de ces deux sensations physiques qui s'imprimèrent en lui au moment du télescopage. Une douleur qui me fendit l'épaule gauche, c'était la ceinture de sécurité. Elle me sauva la vie au prix d'une empreinte profonde qui tatoua ma peau durant trois semaines. La deuxième sensation quasi simultanée fut le contact caoutchouteux de l'airbag. C'était la première fois que je goûtais à cette étonnante sensation/émotion. Comment la qualifier ? Un contact moelleux et violent à la fois, le visage plonge dans cet oreiller élastique avec une perception saumâtre. Entre la gifle et la caresse, une émotion de surprise, mélange de crainte et de reconnaissance tout à la fois. *Ah ? C'est ça l'airbag ?! Génial, il fonctionne, je suis sauf ! Mon Dieu, il ne faudrait pas qu'il m'étouffe...* Mais non, il ne m'a pas étouffé. En fait, juste après le choc, il se dégonfle et là vous vous mettez à sentir fortement l'odeur du gaz qui le remplissait. *Ciel, cette odeur !*

Il ne faudrait pas que je sois asphyxié. Mais non, on n'en est pas asphyxié.

Une fois le choc passé et le véhicule immobilisé, bien bloqué par ma ceinture, callé entre l'airbag et l'appui-tête, ressentant sans dommage toutes les parties du corps, je me souviens avoir exulté. *Merci la vie ! Je n'ai rien !! La mort n'a pas voulu de moi cette fois-ci.* Et c'est à cet instant précis que j'ai ressenti, comme dans un cauchemar ou dans un mauvais film, que l'affaire n'était pas terminée et que ma vie allait à nouveau chavirer. Lentement, inexorablement, comme si mon véhicule était tiré par un fil invisible, je ressentis un mouvement de glissement sur la droite. La voiture avait été déportée sur le bas-côté, ayant deux roues dans le vide, la voiture se mettait à basculer dans le ravin. Et là une nouvelle émotion m'étreint, j'ai l'impression d'être dans une lessiveuse au mouvement bizarrement lent. Un tonneau, deux tonneaux... Trois tonneaux peut-être ?... Je ne saurais plus dire car à nouveau, je perds la notion du temps et cette fois de l'espace. J'ai l'impression de revoir des scènes de ma vie en l'espace d'un éclair. *Ce coup-ci, c'est fini. L'assurance vie fonctionnera-t-elle pour ma femme ?* Une pensée bizarre me submerge. En bas de la pente, il y avait une casse automobile. *Tiens ma voiture arrivera directement dans la casse avant que je ne gagne le cimetière !...* Mais non, le véhicule ne descendra pas jusque-là. Brutalement, le mouvement de tournebouler s'arrête, j'ai les pieds en l'air et ma tête en bas qui touche presque le plafond. Le véhicule s'est immobilisé sur le toit, arrêté dans sa course par un arbre et un rocher. Je me souviens avoir joint les mains pour la deuxième fois. *Ouf ! Merci Seigneur. Je suis sauvé. La mort n'est pas pour cette fois-ci.*

Et c'est à ce moment-là que je réalise que le cauchemar n'est toujours pas terminé. Une fumée âcre se répand dans l'habitacle. *Il faut que je sorte, ma bagnole s'enflamme !* Instinctivement j'actionne la poignée de ma portière. Rien, elle est bloquée. Je réalise alors que ma ceinture de sécurité est toujours attachée. J'essaye de la débloquer mais bizarrement elle ne répond pas. Est-ce moi qui l'actionne mal ? La position tête en bas qui la bloque ? Un disfonctionnement du mécanisme suite au choc ? Je n'ai pas le temps de discuter avec ma ceinture et je m'en dégage finalement assez facilement en me glissant de mon siège sans la déverrouiller. Je retombe sur le plafond du véhicule qui fait désormais office de plancher. À quatre pattes, je rampe vers la portière du côté passager. Impossible aussi de l'ouvrir ! Je vais rester prisonnier d'un véhicule qui est train de s'enflammer ! De nouveau, des pensées étonnantes me traversent : *C'est trop bête ! Je ne serai pas à mon rendez-vous à Joyeuse. Quelle fin moche, mon corps sera tout calciné !* Sur le dos, j'essaie de taper avec mes deux pieds pour briser la vitre de la portière. Que nenni, elle résiste, la bougre ! Deux fois, trois fois, quatre fois, je tape de toutes mes forces avec mes pieds pourtant armés de santiags, rien n'y fait. Des verres securit, ça résiste ! Je commence à suffoquer dans l'habitacle.

À ce moment-là, une légère brise attire mon attention. Elle provient de l'arrière du véhicule où gisent pêlemêle des livres des Presses du midi destinés aux libraires ardéchois. *Citoyen Boissel, Joyeuse la légende, L'énigme des bombes en bois, Bréviaire de la Révolution* et autre *Enfant qui parlait aux étoiles* forment un tapis salvateur vers un espace entrebâillé où filtre la lumière du soleil printanier... Eureka ! Ma liberté et la suite de ma vie, sinon le sens que je lui en donne, viennent de là !... Sous le choc, le hayon du véhicule s'est entrouvert. Ni une, ni deux, je saisis ma précieuse sacoche qui ne me quitte jamais avec mon inestimable ordinateur portable, dont les disques durs représentent l'annexe de mon cortex cérébral. Un coup d'épaule et la porte arrière s'ouvre sur l'air libre, sur la liberté et sur ma vie pleine de projets retrouvés. L'ascension vers la route sera éprouvante à cause des ronces dont les griffes constitueront finalement les seules blessures, plutôt égratignures, de cette fâcheuse affaire qui se termine finalement en un happy end miraculeux.

— Vous avez eu de la chance ! commente vingt minutes plus tard le garagiste de Rosières venu sur les lieux avec sa dépanneuse. Il fallait dégager l'épave de la 607, complètement immobilisée en travers de la route.
— La dernière fois que je suis venu récupérer une

Golf ici bas, son conducteur avait passé l'arme à gauche, poursuivit-il.

— Passer l'arme à gauche... quand on tient sa droite, un comble ! répondis-je.

Voilà, je venais de frôler par trois fois le trépas, et j'étais toujours là. Et par une étrange coïncidence dont la destinée a souvent le secret, je me souviens qu'à ce moment précis le clocher de l'église de Rosières sonna trois fois !

Rencontre d'un enfant de Tesla
en terre d'Ardèche

« Avant que bien des générations ne disparaissent, nos machines seront mises en marche par une force accessible en tout endroit de l'espace car il y a de l'énergie dans l'univers entier. Dans l'espace, il existe une forme d'énergie libre, infinie qui permettra à l'humanité de mettre en harmonie ses techniques énergétiques avec les grands rouages de la nature. Cette découverte n'est qu'une question de temps ». Nikola Tesla (1856-1943)

« Il faut absolument que je te fasse rencontrer JC. Je crois qu'il a inventé quelque chose qui va t'intéresser ». J'avais écouté d'une oreille distraite Frédérique, une amie qui jouait les intermédiaires vis-à-vis d'un certain J-C domicilié à Vals-les-Bains. « Tu verras, c'est une sorte de Géo Trouvetou, son garage est rempli d'inventions incroyables ». C'était le début du mois de décembre 2013, je l'avais écoutée d'une oreille distraite. *Encore un excentrique ardéchois demandeur d'un papier dans la Tribune ou le Midi-Libre,* avais-je pensé. Frédérique insistait : « Je t'assure, c'est de la magie. Il met une boule reliée au courant directement dans un saladier rempli d'eau et instantanément, se forme un nuage de vapeur chaude mais l'eau reste froide ! »

Créer de la vapeur chaude avec de l'eau qui reste froide! Qu'était-ce donc que cette nouvelle incongruité contraire aux règles les plus élémentaires de la thermodynamique ? Toutefois, par ses descriptions, Fred avait su éveiller ma curiosité vis-à-vis de cet étrange JC dont je ne savais s'il s'agissait d'un génie, d'un imposteur ou d'un illuminé. Je n'avais jamais entendu parler de lui jusqu'à ce jour mais, après tout, n'avais-je pas rencontré par le passé un autre inventeur ardéchois dont le moteur révolutionnaire, que j'avais vu fonctionner, n'avait jamais ni les projecteurs de l'actualité ni la reconnaissance de la science. Fan des travaux de Tesla qui aurait inventé selon certains un procédé capable de générer une énergie électrique infinie, libre d'accès à tous et non polluante, je m'étais passionné pour ce sujet, allant jusqu'en Californie en 2009 pour rencontrer des adeptes de cette théorie qui se trouverait être, si elle était fondée, le pas scientifique le plus révolutionnaire pour l'avenir de l'humanité mais aussi le plus subversif pour le devenir du capitalisme mondial. D'après Fred, JC souhaitait communiquer sur sa découverte et sollicitait d'éventuels conseils de la part d'un ancien élu écologiste qui travaillait désormais pour la Presse régionale. La rencontre eut lieu une quinzaine de jours plus tard dans le garage de l'intéressé, c'était le jeudi 12 décembre 2013, en fin d'après-midi.

Vêtu d'un jean et d'un tee-shirt, l'homme était de petite taille, corpulence maigre, visage émacié avec une tête triangulaire et une fine moustache. Il avait davantage le look d'un chanteur de groupe rock que celui d'un professeur Tournesol. À la vue de son visage qui lui donnait une certaine ressemblance avec Guy Fawkes, le personnage de V pour Vendetta, popularisé par le masque des *Anonymous*, une pensée fulgura immédiatement dans mon esprit : *Le héros de mon roman sur l'énergie libre !* J'avais entretenu un projet romanesque où un inventeur boisselien solitaire aurait inventé l'arme fatale contre la matrice capitaliste, un moyen facile et accessible à tous pour accéder à une énergie gratuite et illimitée. J'écartai cette pensée intrusive car je n'étais pas là pour fantasmer sur un personnage de fiction.

Deux rampes de lampes halogènes s'étaient allumées, illuminant d'une lumière blanche éclatante le garage, qui constituait le soubassement du domicile de notre inventeur. Je découvris l'antre du chercheur autodidacte, « la grotte JC ». Un grand établi, deux étagères métalliques bien encombrées, une armoire, une vieille table de cuisine recyclée en plan de travail où s'étalaient pêle-mêle divers outils et appareils de bricolage et d'électricité.

— Pourquoi tant de lumière ?!... Tu travailles avec des lunettes de soleil habituellement ?

— Non bien sûr, s'esclaffa-t-il. En temps normal, il n'y a qu'un ou deux projos allumés. Là, c'est uniquement pour tester le *Joule Thief Big*.

— Le Joule truc quoi ?

— Le *Joule Thief*, ou voleur de Joule en anglais. Tu regarderas sur le Web, c'est un dispositif électronique qui permet de rehausser la tension d'une source électrique continue. Le dispositif connu permet à un petit dispositif électronique d'alimenter une ampoule LED de 5 volts à partir d'une pile de 1,5 volt par exemple. Là, je l'ai un peu modifié...

Voleur de Joule ! Je suis bien dans une caverne d'Ali Baba, pensais-je en examinant l'étrange dispositif qui alimentait le bloc de multiprises d'où partaient les câbles qui alimentaient les spots halogènes. Il y avait des fils, un circuit imprimé, des composants électroniques, une grande bobine de fil de cuivre, le tout relié à un wattmètre fixé sur une prise de courant murale. L'appareil affichait 1,7 kw consommé.

— J'en ai fait un beaucoup plus puissant, poursuivit-il. J'améliore le concept pour l'adapter au 220 V afin d'augmenter la puissance restituée.

Tout en l'écoutant, je regardais les rampes de lumières. Il y avait sept projecteurs dont chacun crachait 500 watts d'après leur support.

— Tu es en train de me dire que ton appareil restitue 7 x 500 c'est-à-dire 3500 Watts en consommant 1700 Watts ?!...

— À peu près, oui.

— Attends. Mais c'est de la surunité, ça ?!

— Eh non. Mon système permet juste de récupérer

les ondes électromagnétiques ambiantes. J'ai installé un capteur d'ondes électromagnétiques qui prend du courant dans l'air ambiant et le réinjecte dans le circuit en convertissant les ondes par un effet d'induction. Rien de révolutionnaire... On reste dans Lavoisier et les lois de l'électromagnétisme avec ce prototype, conclut-il en débranchant l'une des deux rampes de lumières.

J'étais stupéfait que JC accordât si peu d'importance à un système innovant qui, pour moi, en jetait plein la vue, au propre comme au figuré. Il s'était rapproché du moteur translucide avec son hélice qu'il prit dans la main.

— C'est un moteur entièrement en plastique à haut rendement et à très haute performance que j'ai conçu, il y a trois ans. Il a été testé et validé par l'École Supérieure d'Ingénieurs de Limoges qui lui a reconnu ses mérites pour ses caractéristiques de fonctionnement dans des conditions extrêmes, notamment ses capacités de résistance à l'humidité et à la corrosion par le sel. Il le reposa sur l'établi sans autre commentaire et désigna la structure en plexiglas sur laquelle était fixé un panneau solaire de 40 centimètres par 30 environ.

— Ce panneau solaire alimente un moteur aux caractéristiques comparables. À part l'arbre et les roulements qui sont en inox, toute la structure est également en plastique et polyuréthane et peut actionner une pompe.

— C'est un moteur photovoltaïque, en somme ?

— Oui mais il a un rendement exceptionnel. Il a été

calculé un rendement de 0,11 Newton mètre pour 23 watt heures. Et grâce à l'étanchéité des roulements qui assure une protection du moteur, cet appareil lui aussi a été conçu pour fonctionner et résister à des conditions extrêmes. Sous une pluie battante, il marche sans problème, nous l'avons testé.

— Et tu n'as jamais cherché à le commercialiser ?

— Il faudrait... répondit-il négligemment en détournant son regard vers le moteur dont le disque en rotation focalisait maintenant mon attention.

— Là, c'est une machine à courant continu, un moteur *brushless* dont le rotor est composé de plusieurs aimants. Je l'ai modifié et il a été rebouclé, c'est-à-dire qu'elle fabrique l'énergie qui lui permet de fonctionner. Je coupe la batterie et avec le relais, il continue à fonctionner. Avec un watt consommé, le rotor fait trois millions de tours.

— C'est de la surunité ou pas ?

— Pas tout à fait, disons qu'on s'en approche. Je l'ai laissé branché sans discontinuer, il y a trois mois et il a tourné sans s'interrompre pendant 41 jours. Un record, mais la véritable source de la surunité, selon moi, elle se trouve là...

JC venait de saisir une des boules métalliques de résonateurs en cours d'assemblage sur l'établi. La petite sphère argentée étincelait sous le flash de l'halogène, il ne lui manquait que la connexion électrique. Posé sur le sol, un « poêle à eau » noir de son invention était en cours de montage. J'observais sa structure longiforme étonnante. Un tube vertical de diamètre 180 millimètres obturé dans sa partie supérieure par un bouchon métallique surmonté d'une vanne. L'ensemble était maintenu par trois pieds métalliques fixés dans un seau également en métal. Je m'apprêtais à manœuvrer la vanne supérieure de l'engin par curiosité lorsque JC interrompit mon geste.

— Fais attention, la peinture est fraîche.

— Quel est le principe du fonctionnement de ce poêle ?

— Oh c'est tout simple. On plonge un résonateur dans un récipient rempli d'eau que l'on rend étanche à l'aide d'un couvercle en polyuréthane. Ce dernier est coiffé par un tube en inox, dont le sommet est obturé par un couvercle avec une valve. Sous l'effet de la température, la vapeur monte dans le cylindre, la température se stabilise d'elle-même dans le conduit et avec une consommation de 500 Watts environ, on dégage une chaleur suffisante pour chauffer une pièce de 30 mètres carrés. Mais ça ne reste qu'un chauffage d'appoint.

— Et tu n'as pas essayé d'adapter le concept pour un chauffage principal ?

— Bien sûr que nous l'avons fait ! À Thueyts, la maison de mon ancien associé a été équipée d'une chaudière expérimentale équipée d'un résonateur. Elle permet de chauffer une maison de 407 mètres cubes grâce à un plancher chauffant de 110 mètres carrés avec une consommation de 2000 Watts heure, 24 heures sur 24 pendant la période rude de l'hiver et 10 heures sur 24 pour la mi-saison. Mon associé a calculé que cela représentait une facture d'un peu plus de 700 € pour l'année et avec une installation qui pourrait être encore grandement améliorée avec la collaboration de chauffagistes. Bon, on passe à la démonstration du résonateur ? interrompit notre hôte. J'acquiesçai avec enthousiasme, tant ma curiosité était excitée.

JC apporta un saladier en verre rempli d'eau qu'il posa sur un établi, déroula une rallonge électrique munie d'un bloc multiprises avec interrupteur puis apporta ce fameux « objet » qu'il appelait « résonateur ». Il s'agissait effectivement d'une sphère métallique de la taille d'une boule de pétanque, plus exactement d'une sphère métallique chapeautée par une demi-sphère légèrement plus grande en diamètre. Deux fils électriques reliés à une prise électrique émergeaient de l'ensemble stabilisé par trois pattes métalliques. Manifestement, le dispositif avait déjà bien servi puisque l'appareil apparaissait rongé par la rouille. La première pensée qui m'interpella lorsque JC plongea sa « boule » dans l'eau est la présence des fils électriques carrément dénudés immergés directement dans le liquide. C'était la première fois que j'assistais à un montage électrique aussi surprenant mais manifestement, l'objet ne craignait pas le court-circuit, pas plus que son concepteur ne craignait l'électrocution. Ce dernier m'invita toutefois à ne pas plonger ma main dans l'eau du saladier au moment où il allait brancher le résonateur sous peine de recevoir précisément une décharge électrique peu agréable.

Une fois le commutateur enclenché, l'appareil se mit à vibrer, générant un bruit comparable à une sorte de sonnette immergée dans l'eau. La vibration se communiquait à la table de travail sur lequel était posé le saladier et au-dessus de ce dernier se formait instantanément un nuage de vapeur. Je passais instinctivement ma main à travers, la vapeur était chaude. JC débrancha l'appareil et m'invita à plonger la main dans l'eau. Prudemment, j'avançai le bout de mes doigts pour caresser la surface de l'eau puis je plongeais vigoureusement ma main pour aller saisir le fameux résonateur. L'eau était froide et le résonateur, source de la création de vapeur, l'était tout autant ! « J'en perds mon latin, je pensais que pour mettre de l'eau en état de vapeur, il fallait qu'elle atteigne la température de 100 degrés ! » confiai-je. Fred me regardait d'un sourire ravi. Jean-Christophe ajouta : « Oui, et tu observeras que le résonateur est froid, ce qui prouve que nous ne sommes pas en présence d'un effet Joule. » Des notions de physique du lycée me revenaient en mémoire.

L'effet Joule était la manifestation thermique de la résistance électrique. Lorsqu'un courant électrique traverse un matériau comme le métal, il se crée une interaction avec les atomes qui constituent un frein, une résistance qui se dissipe alors sous forme de chaleur. C'est ce principe qui est mis en œuvre dans toute résistance de bouilloire électrique. Or là, manifestement la boule était froide et l'eau aussi. Elle s'était juste tiédie en surface par l'action du nuage de vapeur qui réchauffait sa surface par contact, mais en profondeur, l'eau était bien froide et le résonateur aussi. Comment comprendre ? À l'époque de notre rencontre, JC n'avait pas encore une compréhension précise du processus mis en œuvre. Il constatait un effet qu'il s'apparentait confusément à une forme de fusion froide, sans plus d'explications.

Ensuite, il me présenta un dossier dont il sortit un document qu'il nous livra en consultation. Il s'agissait d'un rapport émanant d'un cabinet d'avocats de Nice qui établissait le compte rendu d'un test réalisé trois mois auparavant devant des ingénieurs et pour le compte d'un important homme d'affaires franco-libanais. Une expérimentation avait été réalisée avec des mesures de paramètres rigoureuses afin de déterminer le rendement énergétique du dispositif par un calcul du rapport entre la consommation énergétique du résonateur et la quantité d'énergie thermique produite lors de son fonctionnement. Le rapport concluait que le dispositif avait permis de dégager une énergie de 858 971 joules alors qu'il n'avait été injecté que 741 000 joules ! Soit un ratio de 1,1592 avoisinant 116%. Nous étions bien en présence d'un processus surunitaire qui cassait les lois classiques de la thermodynamique. Un rendement présenté dans le rapport comme minimal car le test avait été réalisé dans les conditions les plus désavantageuses pour le procédé en termes d'expérimentation et de calcul. Perspectives vertigineuses...

Le rapport concluait à la nécessité de mener des recherches afin de déterminer le mécanisme physique ou chimique à l'origine de la mobilisation de cet excédent d'énergie non attendu. Il préconisait d'étudier les propriétés physiques et chimiques du liquide résultant et enfin de déterminer combien de temps le dispositif pouvait ainsi fonctionner sur un volume de liquide donné. « Le deuxième principe de la thermodynamique a donc bien été cassé », philosophait JC qui affichait un large sourire. Tout en l'écoutant, je consultais le rapport qui affichait bien visiblement en haut de page et à côté du logo du cabinet d'avocats, la mention « Confidentiel ». J'interpellais JC sur ce détail.

— Je m'en contrefiche ! Je n'ai rien signé avec eux et j'ai le sentiment d'avoir été manipulé de bout en bout pour qu'un dépôt de brevet se fasse dans mon dos afin de bloquer l'invention et de réaliser une mise sous veille technologique !

Il s'était levé de son fauteuil et parlait tout en regardant le ciel par l'ouverture d'un soupirail.

— Leur but est de geler toute innovation technologique qui serait en rupture avec leur vision dominatrice du monde via le contrôle des énergies fossiles. Et réchauffement climatique ou pas, ils ne se tourneront jamais vers aucune alternative énergétique tant qu'ils ne nous auront pas fait boire jusqu'à la dernière goutte de leur pétrole !

Jusqu'à la dernière goutte... Le propos de JC faisait sens dans mon esprit et faisait surtout écho à ce qu'avait été mon expérience passée à la Région Rhône-Alpes.

En tant que Conseiller régional Rhône-Alpes, siégeant notamment à la commission recherche et environnement, j'avais été confronté à trois affaires précises qui m'avaient à la fois convaincu de la pertinence du sujet des énergies libres et surtout de la réalité du contrôle exercé par certains lobbies. Je rapportais ces cas à mon interlocuteur. Le premier était celui d'un courtier en assurances de Liège, Michel Moermans. Il était de Jupille, commune jumelée avec Joyeuse, et travaillait alors comme directeur de la branche belge du groupe Marchs. Lors d'une rencontre, il m'avait rapporté ce qui était arrivé à l'un de ses clients, inventeur liégeois qu'il connaissait personnellement, Armand Lecocq. Ce dernier avait mis au point un procédé de modification des moteurs qui réduisait de 10% à 15% la consommation des moteurs à carburation et de plus de 60% la pollution émise. Le procédé consistait à injecter de l'eau dans le moteur et à appliquer une différence de potentiel pulsé d'environ 2 KV entre l'entrée et la sortie du moteur. Cette différence de potentiel permettait de craquer l'eau en présence d'un catalyseur au moment de la combustion. Les résultats étaient bluffants, paraît-il.

Dans les années 70, Armand Lecocq avait fait part dans la presse de son invention, c'est alors qu'un généreux donateur parisien l'avait contacté pour lui offrir ses services et surtout son argent afin « de l'aider » à protéger son invention par un brevet et développer ce dernier. Touché par cette proposition, Armand Lecocq avait accepté l'offre de ce partenaire tombé du ciel et fit même inscrire le brevet aux deux noms de l'inventeur et du généreux financier. Les jours passèrent puis les semaines. N'ayant plus de nouvelles de son pygmalion, le Liégeois essaya de le contacter par téléphone à Paris. En vain, la ligne était coupée. Prenant sa plume, il écrivit à l'adresse que l'intéressé lui avait laissée sur une carte de visite et quelle ne fut pas sa surprise de se voir répondre par la poste que la personne était « inconnue à l'adresse indiquée ». Il chercha en vain à retrouver trace de son financier brusquement évaporé dans la nature mais rien n'y fit. Personne n'avait jamais entendu parler de lui. Problème : le brevet avait été déposé aux deux noms et en l'absence de l'un des deux déclarants, il se retrouvait bloqué...

— Technique classique pour geler une technologie dérangeante, interrompit JC. On organise un dépôt de brevet pour rendre inaccessible et donc inutilisable une invention. Il y a aussi une autre option très efficace, c'est celle de la préemption par l'armée au nom de l'intérêt national. Très pratique le recours aux militaires pour faire taire des inventeurs... Aux États-Unis, rien qu'en 1991, le Pentagone a placé 774 demandes de brevets sous injonction au secret-défense. Un ami en Suisse, qui travaille au service du dépôt des brevets à Berne, me disait qu'en France, le CEA, la DGA et l'État français sont les plus grands voleurs de brevets au monde. J'ai personnellement fait les frais de ce type de manœuvre avec le moteur en plastique que je t'ai montré dans l'atelier. J'avais fait expertiser ce moteur par l'École Nationale Supérieure des Ingénieurs de Limoges et j'avais déposé naïvement un dossier AVRUL au titre des projets innovants afin d'obtenir des financements publics et privés pour développer l'industrialisation du moteur. N'ayant jamais eu de suite, j'appris incidemment des années plus tard que mon invention aurait été testée avec succès dans les gaines d'aération d'une VMC de sous-marin et jugée positivement en raison de sa capacité à fonctionner dans des conditions extrêmes sans s'altérer par l'eau de mer ou les reflux. Mon invention a-t-elle été développée par l'armée pour ses sous-marins ? Si c'est le cas, en tout cas, je n'ai jamais été ni associé, ni informé de l'usage qu'ils firent de mon moteur. Pourquoi la Grande Muette se serait-elle compliqué la vie à m'impliquer et à me reverser quoi que ce soit quand ils peuvent saisir gratuitement les inventions des autres ?

Je sortis de mon porte-document un dossier dont

j'extirpai un article de journal que je lui tendis. C'était un article pleine page tiré du Dauphiné Libéré du 5 janvier 1995 intitulé « Un nouveau système de combustion » et sous-titré « E.Q.L pour Résonance Quantique Localisante ». C'est ainsi que Valentin Cesa a présenté son nouveau procédé appliqué à un moteur à quatre temps. JC mit ses lunettes de vue et parcourut l'article tout en m'écoutant.

— Voici le deuxième exemple dont je voulais te parler, un véritable cas d'école selon moi. Au printemps 1994, j'ai été mis en relation avec Valentin Cesa, un entrepreneur ardéchois, fabriquant de foyers pour cheminées. Il se passionnait pour les moteurs à combustion dont il cherchait à améliorer le rendement et à réduire les dégagements en gaz. Ce dernier avait mis au point un « moteur ionique » aux caractéristiques étonnantes pour lequel il m'avait sollicité en tant qu'élu afin d'obtenir une aide de l'ANVAR. Le procédé qu'il avait inventé consistait en un petit dispositif de forme conique qui remplaçait le carburateur et qui avait pour effet de pulvériser le carburant et de modifier son état moléculaire avant son admission dans la chambre de combustion. Il comportait un minuscule trou d'une dizaine de millimètres carrés avec une lamelle qui l'obstruait partiellement et dont la manipulation permettait de faire varier le régime du moteur à quatre temps.

Je tendis à JC d'autres documents : quelques plans, deux rapports d'expertise, les statuts d'une association.

— Nous avions créé en octobre 1994 une association dont je fus le président. Elle visait à promouvoir et à développer le procédé Cesa. J'avais eu auparavant l'occasion d'assister à plusieurs démonstrations de son procédé qui avait la caractéristique de pouvoir faire fonctionner un moteur indifféremment avec quelque carburant que ce soit : essence, diesel, alcool, huile... Je me souviens en particulier d'un phénomène curieux qui se produisait sur les moteurs en fonctionnement. Du givre se formait sur la culasse ! Inconcevable et incompréhensible à mon niveau de connaissance. Lui l'expliquait dans un jargon qui me paraissait complètement ésotérique, évoquant « une compression adiabatique, des réactions électro-dynamiques, un effet de localisation avec ionisation des molécules, agrégats et autre onde soliton... ». J'eus confusément l'impression qu'il essayait de trouver un cadre théorique pour expliquer sa découverte et mieux convaincre la communauté scientifique alors que son invention se suffisait à elle-même. Elle apportait la preuve de sa validité par la seule force de la démonstration.

— Hélas, Pierre Antoine, ce n'est pas suffisant. Crois-en mon expérience, interrompit JC. Opinant d'un mouvement de tête, je poursuivis :

— Nous avions fait réaliser une série de mesures à l'École Nationale d'Ingénieurs de Saint-Étienne, sous la conduite du professeur Mas, ainsi qu'à l'École des Mines d'Alès. Les résultats des différents tests étaient tout simplement stupéfiants : pour un moteur ordinaire à quatre temps, il y avait 20% de réduction de la consommation, un rejet de CO2 à 2,1% au lieu de 14% et un rejet d'oxyde d'azote de 0,35 PPM au lieu de 650 PPM sur un moteur non modifié. Devant une telle invention qui avait pour mérite de réduire significativement la consommation d'un moteur et d'en réduire drastiquement le taux de pollution, je me suis dit que dix ou quinze années plus tard, on entendrait infailliblement parler de ce procédé qui serait développé et généralisé dans le secteur industriel, pour le plus grand bien de notre planète. Mais, hélas, il en alla tout autrement...

— C'est-à-dire ?

— L'entreprise de Valentin Cesa, qui faisait vivre à l'époque une quarantaine de salariés sur Annonay, fit l'objet d'un contrôle fiscal où les inspecteurs auraient découvert des malversations reposant sur une facturation délictueuse de la part de son comptable. Du jour au lendemain, on réclama à Cesa pas moins de deux milliards deux cent mille centimes de francs ! Pris à la gorge, il s'engagea dans une vaine bataille juridique qui se solda plus tard par la perte de son entreprise et le licenciement massif de ses salariés. Mais le meilleur se produisit lorsqu'on déposa les plans de son procédé dans l'étude de Maître Alain Trofimoff, notaire à Largentière au printemps 1995. À peine quinze jours plus tard, son étude fut cambriolée et le coffre-fort qui contenait les documents se retrouva dans la rivière la Ligne en contrebas de l'étude, les papiers flottant sur l'eau à l'exception bien sûr de ceux de Cesa qui eux avaient disparu. La presse locale fit un bref écho de l'affaire qui fut classée par l'enquête de gendarmerie dans le registre des faits divers liés au vandalisme.

—Tu parles d'un temps où l'Internet n'existait pas encore. Une époque où les pratiques de barbouzes pouvaient encore se pratiquer avec un bien faible relais de la part des médias locaux. Que devint Valentin Cesa ?

— Il s'enferma dans une rancœur paranoïaque, devenant méfiant vis-à-vis de tout le monde. La dernière fois que je le vis, c'était un soir dans son atelier de Largentière. Il avait adopté un chien de garde racé, agressif et très aboyant qui intimidait dès l'approche. À ses côtés, il y avait un jeune gars que je ne connaissais pas, visiblement méfiant et muni d'un fusil. Cette scène me paraissait complètement surréaliste, à l'époque, je me suis dit qu'il était devenu fou. Ne croyant plus en la France et en ses institutions, il avait décidé de se tourner vers des investisseurs étrangers, anglais et hollandais, qui lui avaient promis de le soutenir, notamment en l'aidant financièrement à protéger son invention par des brevets. Je n'entendis plus jamais parlé de son moteur. Il mourut dans la misère et l'isolement vingt ans plus tard.

JC avait reposé les documents et s'était relevé pour aller se rouler une cigarette près de la porte. Il regardait au loin, l'air songeur. Je décelais un voile de tristesse dans son regard.

— Ils sont nombreux, ces inventeurs maudits à n'avoir connu que rejet, persécution et misère :

Nikola Tesla, Thomas Brown, Paul Pantone, Fabien Lecler. Quand ils n'ont pas simplement été assassinés comme Stanley Meyer ou Eugene Mallove...

— Puisque tu cites Fabien Lecler et Paul Pantone, eh bien, mon troisième cas est précisément le procédé dit « du moteur à eau ». Sur la fin de mon mandat d'élu, un membre de mon groupe politique m'avait fait connaître un agriculteur bio qui avait installé sur son tracteur le fameux procédé Pantone qui divisait par quatre la consommation de carburant et diminuait à plus de 95% le taux de pollution. À l'époque, cette technologie était pour moi une totale découverte.

— L'amélioration de la performance des moteurs à explosion est connue depuis très longtemps. Durant la Seconde Guerre mondiale, les Allemands équipaient déjà leurs avions de chasse Focke-Wulf et Messerschmitt avec ce procédé afin de réduire la consommation des moteurs et améliorer leur performance.

— Oui et en étudiant mieux le sujet, j'ai même découvert que l'inventeur du premier moteur diesel pour avion, Pierre Clerget, avait déjà expérimenté dès 1898 cet effet de l'eau dans les moteurs.

— Il n'est de révolutionnaire que notre ignorance, disait Krishnamurti, philosopha JC.

— Et la liste est longue de ces ingénieurs et inventeurs qui ont exploré depuis plus d'un siècle toutes les facettes d'une motorisation reposant sur l'eau, en carburant d'appoint ou exclusif. Je sortis mon smartphone pour lire une note que j'avais enregistrée : Sabatier en 1920, Weber en 1928, le moteur Catalex en 1931, Pratt & Whitney en 1944, Jean Cochez en 1950, Jean Chambrin et Jack Jojon en 1974, Miltiathis Markou en 1990, Paul Pantone en 1998, Stanley Meyer en 2000...

— Et tu peux encore ajouter des petits inventeurs qui ont été réduits au silence par pression, comme Léonce Rudelle ou encore Jacques Bristiel qui avait décroché trois fois la médaille d'or au concours Lépine...

— Je n'en doute pas. À l'époque, en 1997-98, l'information avait été communiquée à tous les collègues conseillers régionaux et aux cabinets des collectivités territoriales de Rhône-Alpes ainsi qu'aux agences de presse. Devant de telles performances techniques dont l'Internet naissant se mettait à faire écho, je m'étais dit naïvement que nous allions assister dans les années à venir, plus sûrement qu'avec le procédé Cesa, à l'éclosion de nouveaux types de moteurs hybrides, essence et eau. Au lieu de cela, les fabricants de voiture développèrent des moteurs hybride « essence-électricité », c'est-à-dire bien dépendants du pétrole et du nucléaire.

— Il y a beaucoup trop d'intérêts financiers en jeu, Pierre. Les trusts avec leurs serviteurs-vassaux dans les gouvernements ne veulent pas plus des moteurs à eau que des énergies gratuites. Dans le monde, le lobby énergétique pétrolier à lui seul représente plus de trois mille milliards de dollars, sans parler du nucléaire et des autres énergies fossiles comme le gaz. En France, sans tenir compte de la vache à lait des amendes, l'automobile rapporte chaque année à l'État 52 milliards d'euros. Alors tu penses bien, s'il y a des petits rigolos à l'origine d'inventions qui cassent l'origine de leurs ressources et sans rien leur rapporter en retour, où va la société ?... Heureusement, la presse bien-pensante est là pour faire passer ces inventeurs pour des charlots.

Ayant fini sa cigarette, JC se rassit. Ses propos me donnaient le vertige. Dans quelle aventure étais-je en train de m'engager avec lui ? Il m'avait écouté jusqu'alors avec une bienveillante attention, me répondant tout en consultant mes documents, en fixant sa cigarette ou en regardant au loin. Maintenant, il me fixait droit dans les yeux, l'air interrogatif. Je crois en avoir trouvé une, JC.

— As-tu une stratégie à me proposer pour que mon résonateur ne connaisse pas le sort des inventions de tes Lecocq, Cesa ou Pantone ? Et accessoirement pour que ma personne évite le sort funeste d'un Mallove ?

— Je crois en avoir trouvé une JC. Je te propose, en bon rebelle ardéchois, de devenir un Diogène qui refuse gloire et compromission et refuse que son procédé soit dérobé ou confisqué par des intérêts mal intentionnés. Offre le résonateur à l'humanité, rendons le public, créons un site Web, une page Facebook, une association afin de le promouvoir en open-source. Organisons des ateliers gratuits pour apprendre à chacun à fabriquer son propre résonateur. Utilisons une arme, que les lobbies énergétiques et capitalistes de la planète redoutent plus que tout, celui de la gratuité, de l'open-source, du don de soi sans aucune recherche du profit mais uniquement pour le bien de l'humanité.

— On va avoir des ennemis puissants...

— L'enjeu du devenir de la planète n'en vaut-il pas la chandelle ?

Tout en m'écoutant, JC jouait avec son briquet. Il avait pris une longue inspiration et l'avait allumé, fixant quelques secondes la flamme.

— ... Chiche ! lâcha-t-il.

Pour une voix de moins

C'était au printemps 2008 et je conduisais alors une liste pour les élections municipales. « Un nouveau souffle pour Joyeuse ! », un nom prédestiné tant la campagne électorale allait se révéler particulièrement décoiffante. De mon côté, j'étais bien déterminé à ce que cette quatrième candidature à des élections municipales, qui plus est dans ma commune de résidence, soit la der des ders ! Celle ou ça passe, ou ça casse. Un des collègues de campagne l'avait rappelé : « Surtout, ne négligez aucune procuration. Chaque voix compte dans une bataille électorale. »

« Oui oui, avais-je déclaré. J'en ai une de ma cousine de Paris ». Une cousine qui vivait à mi-temps à Joyeuse. Mais encore fallait-il qu'elle se rende au commissariat de son arrondissement et moi à la gendarmerie.

Depuis l'automne 2007, la campagne avait été menée tambour battant autour d'un programme municipal ambitieux : réunions de quartiers, consultations avec sondages en porte-à-porte, publication d'une lettre d'information bimestrielle, tractages systématiques tous les quinze jours... Une campagne jamais faite et jamais vue dans ce bourg ardéchois, une campagne « à l'américaine » et en total décalage avec la sociologie électorale du village, critiquaient nos adversaires ! Le maire sortant, qui passait la main à son dauphin après 25 années de règne, ne donnait pas un seul élu à notre liste.

« Pierre, ton profil d'écolo poète aventurier, risque de ne pas passer auprès des électeurs. Il faudrait que nous fassions une campagne de communication pour mieux expliquer qui tu es et quelle fut ton action politique passée ? » me suggéra un colistier. Je m'y refusais catégoriquement, le dynamisme et la qualité de la campagne parlaient pour moi. « Ne reconnaît-on pas un arbre à ses fruits et non à ce que les médisants en médisent ? ». J'avais été un élu local dans le Nord, un élu communautaire dans le Sud et un Conseiller régional de l'Ardèche, de 1992 à 1998, qui n'avait pas ménagé sa peine pour faire bouger le pays. Je n'avais donc ni à rougir de mon passé ni de mon style. « Bon, bon comme tu voudras. N'oublie pas ta procuration ». Oui oui, j'y pense. Il m'énervait, celui-là. De toute façon, la victoire allait passer largement, ou pas du tout, et l'échec ne me faisait pas peur car il y avait belle lurette que les questions d'amour propre avaient été reléguées au vestiaire de mes désillusions électorales. Depuis 1986, avec mes multiples candidatures aux scrutins de la République, j'avais eu le temps de méditer sur le problème de l'échec électoral. Et puis qu'à cela ne tienne, l'essentiel était de participer au débat car politiquement celui qui ne parlait pas n'existait pas.

Trois listes étaient en compétition, celle adoubée par le maire sortant que les commentateurs locaux donnaient gagnante car constituée de « machines à voix » locales, c'est-à-dire des notables et représentants des grandes familles joyeusaines, « celles qui tiennent le scrutin » affirmait-on. Une deuxième liste dissidente de la première, emmenée par un déçu de l'ancienne municipalité, s'était constituée. Et puis la nôtre, l'outsider dont bien peu de personnes aurait parié un euro sur les chances de succès. Quinze jours avant le scrutin, les listes se font connaître. Stupéfaction, la liste des sortants, que nous voulions sortir, présente ses noms et parmi eux une très grosse machine à voix, pourtant strictement inéligible car directeur de l'hôpital local et surtout du foyer résidence pour personnes âgées, donc salarié de la mairie. La sous-préfecture confirme l'illégalité de cette candidature mais ne peut rien faire car le contrôle s'effectue a posteriori de l'élection et non avant le scrutin, m'explique-ton. Elle invalidera juste son élection, obligeant les électeurs à venir revoter pour un seul siège six mois après le scrutin mais le mal aura été commis !... J'enrage contre ces pratiques dignes d'une république bananière. Une candidature parfaitement inéligible peut donc entacher la sincérité d'un scrutin mais la loi n'a pas prévu d'empêcher un tel cas de figure.

Le premier tour se déroula le dimanche 9 mars et ô surprise, les pronostics du maire sortant (qui prévoyait l'élection dès le premier tour des trois-quarts de « sa » liste) furent balayés. Il y avait un ballotage pas du tout favorable pour eux, les traditionnelles machines à voix semblaient enrayées. L'entre-deux-tours fut saignant avec tractages virulents, invectives, noms d'oiseaux et dépôt de plainte en gendarmerie. Les trois listes se maintenant au second tour, le suspense fut grand lors du dépouillement qui se déroula dans une ambiance électrique, le dimanche 16 mars 2008. On compta, on recompta, la partie paraissait gagnée, le «Nouveau souffle» balayait ses adversaires en remportant 10 sièges sur 15 ! Un suspense subsistait toutefois - scrutin par panachage oblige - pour le 15ème siège qui opposait dans un score très serré l'auteur de ce livre et leader de la liste gagnante à... Monsieur le directeur de l'hôpital ! Durant les dix minutes précédant la proclamation officielle, j'avais été donné gagnant sur cette 15ème et dernière place. Pendant dix minutes, je m'étais senti maire de la commune, ressentant physiquement le poids des responsabilités futures. Mais brutalement, le vent de l'histoire tourna en ma défaveur. Une erreur s'était glissée à la table qui centralisait les résultats et en définitive c'était bien mon adversaire qui l'emportait sur moi pour... une seule petite voix ! Immédiatement je repensai à la fichue procuration de ma cousine de Paris que j'avais négligemment oubliée.

Paradoxe de cette élection avec scrutin de panachage, aucune des trois têtes de liste n'était élue. « La démocratie est un mauvais régime mais je n'en connais pas de meilleur » disait Churchill. Le numéro deux de ma liste devint maire, pressenti au départ pour devenir l'adjoint aux finances en raison de ses qualités de prudence et de sa réserve comptable naturelle qui devait tempérer mon caractère jugé trop entreprenant voire risque-tout. L'avenir de la commune allait donc être prudent et réservé. Sur 1195 voix inscrites, il m'en avait manqué une. La presse locale titrera : « Courouble le gagnant battu. » Durant l'année qui suivit, j'ai dû recroiser une bonne centaine de fois cette fameuse voix qui m'avait fait cruellement défaut. Chez mon voisin qui avait laissé passer l'heure de clôture du scrutin. Chez le mari d'une colistière qui avait eu la flemme de se déplacer. Chez une vieille amie bienveillante qui ne voulait pas que mon jeune couple soit exposé à l'ingratitude du mandat. Et même chez quelques uns de mes adversaires, démocrates dans l'âme, qui m'affirmèrent la main sur le cœur qu'ils auraient ajouté mon nom à leur bulletin de vote s'ils avaient su... Je n'osai jamais leur avouer que cette voix manquante avait été surtout celle d'une grosse négligence de ma part.

Bêtise, acte manqué ou clin d'œil du destin ? Aujourd'hui, je me plais à penser que cette petite voix manquante était en fait la voie d'un ange gardien, soucieux de réorienter mon destin. Car il est vrai qu'en mettant un terme à 25 années de militance politique, ma destinée allait prendre désormais une toute autre direction. Le politique allait clairement céder la place à l'artistique et l'acteur militant se tourner vers d'autres scènes : le théâtre, le cinéma, l'écriture, la réalisation... Et Dieu sait que la rencontre des lecteurs est tellement plus gratifiante que la quête des électeurs ! Alors merci la voix manquante qui fut la voie de mon destin.

Nom d'une bombe en bois !

Passionné par l'aéronautique et la Seconde Guerre mondiale, je m'étais engagé au sein de l'Association Anciens Aérodromes à faire des recherches et écrire un ouvrage historique sur le terrain d'aviation de mon village natal : Lille-Lesquin. Ces recherches me mobilisèrent pendant 7 années et me confrontèrent à une étonnante anecdote de la Seconde Guerre mondiale, jamais traitée dans les manuels d'histoire : l'affaire « Wood for wood ». Pour faire bref, celle-ci pourrait se résumer en la question suivante : les Alliés ont-ils procédé à des largages de fausses bombes en bois portant la mention « Wood for wood » (Bois pour bois) sur des leurres d'avions en bois que les Allemands avaient installé sur de nombreux terrains d'aviation en France et dans toute l'Europe ? Mythe pour les uns renforcé par le fait que les autorités britanniques ont toujours nié la réalité de ces largages, faits historiques pour d'autres attestés par les Allemands eux-mêmes qui les avaient reçus sur la tête. Au terme d'une enquête également de plusieurs années, j'ai tenté de faire toute la lumière sur cette étrange affaire.

Pour cela, je rédigeai un livre « L'énigme des bombes en bois » publié en quatre langues aux Presses du midi et je consacrai un site internet et un blog à ce sujet : www.woodforwood.net. Enfin je réalisai un film documentaire de 90 minutes intitulé « Wood for wood » (disponible en DVD ou sur Youtube) où je rapportai les témoignages d'historiens mais aussi de vétérans et de témoins d'époque. Parmi ceux-ci, il y en avait un, André Maéro, qui fut le premier témoin oculaire à m'apporter son témoignage et à m'encourager à aller au bout de mes recherches car pour lui la chose était de toute évidence une vérité factuelle, car lui l'avait vécue ! En mémoire de ce témoin, qui me fit l'amitié de m'encourager dans mes recherches et sans qui, probablement, je ne serais jamais allé plus loin qu'un paragraphe sur le sujet dans le livre « Lille-Lesquin d'hier à aujourd'hui », je ne pouvais faire autrement que de lui rendre un petit hommage en consacrant un chapitre de ce recueil à son témoignage.

« Année 1944, la France sous l'occupation allemande vit dans l'espoir du débarquement allié... En ce mois d'avril 1944, j'ai 18 ans et comme beaucoup de jeunes de mon âge, pour échapper au S.T.O. (Service du Travail Obligatoire qui vous envoie en Allemagne), je suis employé dans un bureau à Salon afin de posséder une Carte de Travail ».

« L'École de l'Air de Salon est occupée par l'aviation

allemande « La Luftwaffe » qui l'utilise comme base aérienne militaire. Lorsque les bombardiers américains viennent pilonner la base aérienne, les autorités allemandes ordonnent à la police d'aller sur les lieux de travail réquisitionner les jeunes hommes et jeunes gens pour que des camions allemands les emmènent sur la base où ils sont divisés par groupes afin de les répartir auprès de chaque trou. C'est ainsi qu'à plusieurs reprises, j'ai été « ramassé pour boucher les trous » (c'était l'expression employée à l'époque) et que je me retrouve, soit avec une pelle, soit avec une brouette dans les mains, gardé par un soldat allemand arme à l'épaule. D'autres fois, nous faisions des va-et-vient sur des camions gazogènes entre le terrain d'aviation et une carrière des environs, pour aller charger des camions de pierres et ensuite aller les vider dans ces trous, et toujours sous la garde d'une sentinelle armée.

« Un jour que nous étions occupés à la carrière, un copain et moi, à déverser des wagonnets de pierres pour remplir un camion, je vois celui-ci caché derrière un wagonnet, tracer au crayon des ronds sur une carte d'état-major, sortie discrètement de sa chemise. Je suis surpris ! Il me fait signe de la main de garder le silence et m'explique à voix basse : « Ce sont des cartes d'état-major anglaises. Sur l'une, je note toutes les batteries de D.C.A. allemandes que je repère lors de nos déplacements autour du camp. Elles sont de moins en moins nombreuses : 7 ou 8 en tout, entre celles de 8/mm et celles de 20/

mm. Sur l'autre carte, je vais leur signaler que, tous les avions stationnés sur la base qu'ils aperçoivent du ciel sont factices, fabriqués avec du bois et du carton peints. Ce sont des leurres pour les tromper et faire croire aux Alliés que l'aviation allemande possède encore d'importantes escadrilles, alors qu'il ne reste plus que 7 Junker 88 et 3 Focke-Wulf 190 sur la base ».

« Je te connais bien, je sais que je peux avoir entièrement confiance en toi, tu vas me rendre un service : tu sais que de temps en temps, on est fouillés à la sortie du camp. Malgré ce risque, il faut sortir ces cartes. Viens derrière le bosquet, tu te déchausses, tu plies la carte des faux avions, tu la glisses au fond de ta chaussette, et tu renfiles ta godasse. Moi je fais pareil avec l'autre carte et ce soir, nous les sortons du camp. On se retrouvera en ville près de l'église Saint Laurent. À ce soir en ville, j'espère ? ». Bien que peu rassuré, je sors le soir dans ma chaussette, à la barbe des occupants, la fameuse carte des avions factices.

« Nous nous retrouvons en ville, le soir, à l'endroit convenu. Je lui rends la carte afin qu'il la remette à son contact qui doit la faire parvenir à Londres. Bien des jours se sont écoulés, nous sommes en mai 1944, les bombardements américains se sont multipliés sur la base et je me retrouve de plus en plus souvent comme d'autres, à « reboucher les trous ». « Il paraîtrait que le débarquement serait proche » murmure-t-on en ville. Nous les jeunes sommes requis sur le camp, gardés par une sentinelle armée. Nous faisons semblant de travailler, et de temps à autre, lorsque nous le pouvons, nous enterrons en cachette une pelle ou une brouette sous le déchargement des camions de pierres et n'ayant plus d'outils de travail, la sentinelle nous envoie en chercher à la cabane à outils située à l'autre bout du terrain, ce qui nous permet de « ne rien foutre » durant ce long trajet ».

« En ce mois de mai 1944, il fait sec et chaud sous le soleil qui frappe sur le camp, il est environ midi ce jour-là, lorsque soudain le son lugubre et modulé de la sirène du camp retentit, annonçant une attaque aérienne : ALARM, ALARM, ATTACK... crient les « Fridolins ». Au loin, le soldat en faction à la cabane à outils replie aussitôt la grande flèche verte placée sur le mur de la cabane, cachant la partie verte sur elle-même, ne laissant apparaître que la face rouge servant à donner l'alarme. C'est le sauve-qui-peut général, sur le terrain, les Allemands sautent dans leurs voitures, leurs camions, d'autres dans les side-cars, nous, les jeunes abandonnés sur le terrain, nous n'avons pas le choix, nous plongeons et nous nous terrons dans un de ces cratères qu'ont fait les bombes américaines. Il faut dire que ce sont des entonnoirs de 4 à 5 mètres de profondeur sur 10 ou 12 mètres de diamètre, et au fond du trou, nous assistons en spectateurs apeurés à l'attaque aérienne qui se déroule au-dessus de nos têtes ».

« Ce sont des avions britanniques, des avions de chasse, ils passent si bas que de temps en temps, nous apercevons leurs cocardes, parfois même le pilote. Ils plongent en piqué, passent en rase-mottes, remontent aussitôt en chandelle. Ce ballet aérien se déroule dans le vacarme assourdissant du vrombissement des moteurs d'avions, des tirs de la D.C.A allemande, le tout dans un nuage de poussière, c'est un carrousel d'avions qui s'entrecroisent dans le ciel bleu au milieu des petits nuages blancs que font les obus de la D.C.A en éclatant. Cela ne dure que quelques dizaines de minutes, pour nous, elles paraissent longues et interminables, enfin le bruit cesse, le silence revient, quelques minutes après le son continu de la sirène retentit annonçant la fin de l'alerte, nous nous relevons très surpris de ne pas avoir entendu de bruit d'explosion de bombes ».

« Tout poussiéreux, nous grimpons et ressortons de notre trou, la flèche a été repliée sur son côté vert indiquant que l'alerte est finie. C'est alors que nous découvrons, avec stupéfaction, la raison de l'absence de bruit d'explosion : les « bombes anglaises » qui jonchent le terrain ne sont que de vulgaires BUCHES EN BOIS dont l'un des bouts est taillé en pointe (comme avec un taille-crayon géant) ayant la forme et la couleur de vraies bombes, avec même leurs ailettes et chaque « bombe » porte une inscription en blanc bien visible : « WOOD FOR WOOD » (signifiant bois pour bois) ... C'était la réponse des Anglais aux cartes d'état-major que nous avions réussies à passer dans nos chaussettes à la barbe des occupants, les informant que les soi-disant escadrilles allemandes de chasse n'étaient en fait que du bois et du carton ! »

« Ils avaient risqué leurs vies, afin de prouver à leurs ennemis que le légendaire humour britannique n'avait pas perdu ses droits, même pendant la guerre : Ah ces British !! Seul mon copain et moi savions qui était à l'origine de cette attaque. Arrivent alors, en Command-Car des officiers allemands vexés qui hurlent d'une voix rauque et mauvaise des ordres aux sentinelles revenues sur le terrain nous garder, elles nous ordonnent sèchement de ramasser les « bombes en bois » pour en faire des tas. Tout en obéissant, seul mon copain et moi qui connaissions ce secret, rions sous cape ».

« Il est bien évident que nous n'en parlerions jamais à personne, de peur d'être dénoncés, risquant de nous faire fusiller comme agents de renseignements. En ramassant ces « bombes » pour les mettre en tas, goguenards, nous disions avec ironie à haute voix afin que l'on nous entende : « Ça va leur faire une sacrée provision de bois de chauffage pour l'hiver prochain !!! »

« Pendant cette période de l'Occupation sous la botte nazie, se savoir être à l'origine de cette « guerre tragi-comique » et en garder le secret, quand on a 18 ans... C'est un moment fort dans une existence ! »
André Maéro

Salon-de-Provence, le 17 mars 2010

Un grand moment de solitude

Trois jours dans un hall d'aéroport dans l'espoir de dédicacer un pavé d'un kilo à des voyageurs pressés qui ne s'intéressent pas à l'histoire. Cela aurait pu être le titre de mon prochain ouvrage sur lequel ma pensée d'écrivaillon ardéchois vagabondait en ce grand moment de solitude vécu dans le hall d'embarquement de l'aéroport international de Lille. Comment avais-je pu accepter cette invitation saugrenue du directeur de l'aéroport ?! Venir dédicacer, pendant trois jours, mon dernier opus *Lille-Lesquin d'hier à aujourd'hui*, dans un hall où transitaient plusieurs milliers de passagers stressés par leur embarquement, leurs correspondances, leur taxi, et qui n'avaient clairement pas l'envie de s'encombrer avec un gros livre de 542 pages qui résumait un siècle d'histoire aéronautique sur un aéroport dont l'unique intérêt pour eux était de prendre leur vol pour Genève, Milan, Barcelone ou Djerba...

Moi qui avais déjà vécu ce genre d'épreuves et qui m'étais promis de ne plus m'y compromettre ! J'avais expérimenté ces salons littéraires interminables, comme celui de Toulon, où je m'étais retrouvé noyé parmi 200 auteurs, serrés comme des sardines sous un chapiteau surchauffé. Chacun défendant le petit pré carré de ses 50 centimètres de table où se battaient en duels nos dernières productions susceptibles d'attirer le regard d'un potentiel lecteur. J'avais le sentiment d'être un pêcheur à la ligne sur une berge où défilaient un flot ininterrompu de visiteurs venus faire patiemment la queue afin d'accéder à la table d'honneur de ces écrivains vedettes, sponsorisés par de prestigieuses maisons d'édition parisiennes. *Ah ! Une touche ! Une dame vient de retourner un de mes livres pour consulter la 4ème de couverture de mon roman sur les étoiles. Mince elle l'a reposé et s'en détourne.* J'avais connu aussi ces séances de dédicaces déprimantes en librairies en période de fêtes où l'on fait la potiche toute une journée pour deux ou trois dédicaces quand tout allait bien. Le pire dont je me souvenais était probablement le rayon librairie du supermarché Auchan où il me fallait sourire à des ménagères poussant leur caddie de Noël et subir les annonces perpétuelles sur la promo du foie gras et les ristournes au rayon poissonnerie.

« Bijour Monsieur, excusez-moi. Je dois aller vite aux toilettes. Puis-je vous laisser une minute mon chariot, s'il te plaît ? »

La personne qui me tire brutalement de mes songes n'est pas une ménagère en caddie mais une voyageuse transpirante, la cinquantaine mûrissante.

De type maghrébin, manifestement en attente d'un vol pour la Tunisie, l'Algérie ou le Maroc, elle dégage le voile qui recouvre sa tête et me désigne d'un regard implorant son chariot surchargé de bagages : trois valises, deux sacs, un volumineux sachet plastique, un grand panier en osier débordant de tissus et de laines...

« Bien sûr, Madame » lui dis-je avec le sourire circonstancié d'un enfant de chœur satisfait par sa BA quotidienne. *Elle est effectivement bien pressée* pensai-je en la voyant presque courir et disparaître dans une descente d'escalier. Je garai bien consciencieusement ce volumineux chariot tout à côté de la table que m'avaient dressée les hôtesses d'accueil de l'aéroport. Et c'est à ce moment précis que la voix enregistrée d'une de ces hôtesses retentit pour la énième fois de la journée afin de rappeler un message d'évidence que manifestement mon cortex frontal n'avait pas du tout intégré.

Ding, ding, ding... « Votre attention, s'il vous plaît. Pour des raisons évidentes de sécurité, conservez vos bagages à portée de main jusqu'à l'enregistrement. N'abandonnez jamais vos bagages, gardez-les toujours sous votre surveillance et n'acceptez jamais de colis ou de bagage d'une tierce personne ».

N'ACCEPTEZ JAMAIS DE COLIS OU DE BAGAGE D'UNE TIERCE PERSONNE...

Con que je suis, con que j'étais !!!

Je ne venais pas d'accepter un colis, non, juste un chariot avec SEPT colis bien volumineux ! J'étais tétanisé. Évidemment la fatma avait disparu. Que faire ? Courir après elle en espérant la retrouver dans l'un des WC de l'aérogare et lui demander de récupérer presto son maudit chargement. Mais pouvais-je partir et laisser en plan mon ordinateur portable et mes effets personnels au risque qu'on me les volât ? *Que vaut ton ordinateur et tes fichus papiers si une bombe explose* ? me soufflait une voix intérieure. Cette dernière avait raison, il fallait que j'aille prévenir immédiatement ces trois soldats en tenue kaki que je distinguais à l'extrémité du hall d'embarquement.

Mais qu'allaient donc faire les soldats en retour ? Déclencher une alerte générale avec évacuation immédiate de l'aérogare en attendant l'arrivée du service de déminage. Et si en définitive tout cela se mettait en branle pour... rien ?! Rien que de simples bagages... La honte pour moi !! Plus jamais je n'oserai croiser le regard du directeur de l'aéroport, qui était devenu un ami m'accordant toute sa confiance.

Mais non, c'est bien une bombe ! D'ailleurs il me semble distinguer un tic-tac dans l'un des bagages. Et puis le visage dégoulinant de transpiration de cette femme voilée était bien la signature d'une conscience torturée. J'envisageai alors d'ouvrir toutes ces affaires afin d'en avoir le cœur net. *Ces bagages sont sûrement piégés ? Prends tes jambes à ton cou et cours Courouble*, me souffla une nouvelle voix dans ma tête. *C'est ça, sauve lâchement ta peau et laisse périr plein d'innocentes victimes dans ce hall de verre !* répliqua une autre voix. Je deviens fou. Si la bombe explose alors que je viens de quitter mon poste d'une dizaine de mètres ? On retrouvera mon corps parmi les victimes et on fera le rapprochement avec le chariot situé à côté de ma table. C'est moi qui passerai alors pour un terroriste ou un complice de terroriste, qui plus est lâche, car tué par son attentat alors qu'il tentait de fuir. Dans mon esprit s'incrustait le BFM TV Flash info du jour : « Attentat meurtrier à l'aéroport de Lille. 48 morts dont le présumé terroriste. »

Sûrement les valises et les sacs contiennent-ils des explosifs artisanaux avec une cinquantaine de kilos de clous et de vis pour faire un maximum de dégâts à cette heure de pointe ? D'ailleurs, je remarquai qu'une des roues du chariot était faussée, sûrement à cause du poids de la ferraille dans les bagages. *Non, je ne peux pas fuir lâchement. J'ai accepté ce maudit chariot, c'est donc mon destin de mourir ici, en ce vendredi d'un week-end de Toussaint, à l'aéroport de Lille-Lesquin. Je ne connaîtrai jamais mes petits-enfants. Ma femme sera veuve à 38 ans. Elle refera sa vie,* pensai-je, *mais je vais manquer à mes enfants. Moi qui rêvais de les voir tous grandir, de devenir grand-père.*

Le temps me semblait s'allonger, devenir interminable. Des flots de pensées remontaient à la surface de ma conscience : mes premiers jouets, mes tartines de confitures tranchées par ma maman, mes frères et ma sœur jouant dans le jardin, l'institution Saint-Pierre à Lille, mon premier amour, mon premier job, ma première voiture... J'essuyais une larme tout en contemplant par les immenses baies vitrées un ciel du Nord étonnamment bleu. Mes ultimes pensées étaient métaphysiques. J'allais connaître le Grand Mystère. Si, brutalement, juste après un violent souffle assourdissant, il n'y avait plus de son, ni d'image, ni de sensation, plus de mémoire ni de représentation. Alors, c'est que Sartre avait raison. L'être était retourné au néant. Mais, si je m'envolais tel un papillon libéré de sa chrysalide, c'est que la vérité suprême avait bien été dépeinte par...

« Merchi beaucoup, Meussieur ».

Le visage cette fois souriant et nettement moins transpirant de la fatma me ramena ipso facto à la réalité d'une voyageuse qui reprenait en main son lourd chariot de bagages. Spontanément, je l'embrassai et elle en parut éberluée.

« C'est moi qui vous remercie infiniment, Madame ».

Elle retourna vers son bureau d'enregistrement en se disant que je devais être un homme singulièrement bizarre. Dans une brève fraction de temps, cette brave femme venait de m'offrir un voyage émotionnel fulgurant, une aventure psychique exceptionnelle comme seule permet de vivre la monture de notre impétueuse imagination lorsqu'elle s'enflamme devant le vertige de l'ultime.

De Jack London à Salinger

Je n'étais aucunement prédestiné à me passionner pour la vie et l'œuvre de Jack London, pas plus qu'à celles de Salinger. Si, en 2004, on m'avait prédit que j'allais consacrer au premier un livre, un scénario, des conférences et même réaliser un film aux États-Unis, j'aurais haussé les épaules. Et si on m'avait précisé que ce tournage allait me faire entrer dans l'univers privé de l'écrivain J D Salinger, j'aurais fait un signe de l'index sur la tête. En réalité, ma vraie découverte de Jack fut plutôt tardive. Durant l'été 2005, j'étais en voyage touristique à San Francisco avec ma compagne. Alors que nous découvrions la Californie, celle-ci me parla d'un site touristique dans la Sonoma Valley prisé dans le Guide du routard, *le Jack London State Historic Park* où se trouvait Glenn Ellen, le ranch où vécut et mourut l'écrivain américain le plus célèbre du monde.

J'avais bien quelques références relatives à cet écrivain, mais elles remontaient à mon adolescence avec la lecture au collège de *L'Appel de la forêt* ou de *Croc-Blanc*. De mémoire, le style direct, vivant et efficace de l'écriture m'avait séduit à l'époque, mais il s'agissait pour moi de l'œuvre littéraire d'un écrivain animalier. C'est dans son ranch que j'allais découvrir le vrai visage de Jack London, à la fois un aventurier de l'écriture et un écrivain de l'aventure qui puisait précisément la source de son inspiration dans les chapitres romanesques de sa propre vie.

Arrivés sur le parking du mémorial de Glenn Ellen, nous avions débuté notre visite par la maison de Charmian, la veuve de Jack London, dont le domicile avait été transformé en musée. Et là, j'eus un véritable choc. Sur deux étages, plusieurs panneaux d'exposition et vitrines restituaient la vie et l'œuvre de l'auteur de *L'Appel de la forêt*. Loin d'être un simple auteur animalier, je découvris l'itinéraire d'un authentique aventurier qui vécut cent vies et devint un écrivain engagé. Une enfance de labeur dans la pauvreté, un bagarreur débrouillard qui fut un temps pilleur d'huîtres dans la baie de San Francisco, puis vagabond enfermé en prison, ouvrier exploité, trimardeur des routes et des rails aux États-Unis, chasseur de phoques avant de devenir chercheur d'or en Alaska, marin bourlingueur des mers du sud, fermier... À travers les textes et photos exposés, je découvrais que cet enfant des docks avait réussi à se hisser en autodidacte et par la force de sa volonté au rang de l'écrivain américain le plus lu au monde.

En visitant les salles du musée, je découvrais des objets personnels de l'auteur et de nombreuses photographies, je réalisais que sa vie ressemblait bien à ses romans ou l'inverse. Je découvrais aussi qu'il avait été un correspondant de guerre et un reporter photographe extrêmement talentueux, la *Huntington Library* de Los Angeles conservant encore plus de 12 000 clichés portant sa signature. Il avait aménagé à bord de son voilier, le *Snark,* son propre laboratoire de développement. Des clichés incroyables de réalisme et de vie, comme le furent ses romans. Mais l'écrivain des neiges, des océans et de la vie, était surtout l'écrivain des luttes : celles avec soi-même, celles qui opposent l'homme aux forces de la nature, à l'injustice des hommes, à l'égoïsme des possédants. Militant socialiste ayant percé grâce à sa plume qui transmit une cinquantaine de textes politiques, je découvrais qu'il avait été deux fois candidat à la mairie d'Oakland. Un rebelle qui avait bien du Boissel en lui.

Dans une vitrine étaient exposés les 60 exemplaires originaux de son œuvre bibliographique. Loin d'être seulement un romancier pour la jeunesse, Jack avait été l'auteur d'ouvrages politiques très engagés, de romans d'aventure, fantastiques, policiers, d'une pièce de théâtre, d'un scénario de film pour Hollywood... Le feu, le brio, la désinvolture du génie caractérisaient toute son œuvre. Dans une vitrine figuraient quelques lettres de refus d'éditeurs ainsi que la liste des 600 refus de publication que *Jack London* reçut de la part d'une centaine de maisons d'édition avant qu'il ne rencontre le succès et la célébrité. L'homme était sacrément opiniâtre.

Les sagaies, flèches et autres masques polynésiens accrochés sur les murs témoignaient de ses périples exotiques. Je regardais les photos de Jack en tenue de trappeur, Jack sur sa monture en cow-boy, Jack à la barre d'un voilier, Jack en tenue de reporter avec son appareil photo, Jack au volant de son cabriolet *Pierce-Arrow*, Jack en pantalon de golf... « Jack en pantalon de golf ! » mais bon sang, mais c'est bien sûr ! Jack London, l'aventurier reporter, était de toute évidence le précurseur de... Tintin ! Tout faisait sens dans mon esprit, mais pourquoi donc Hergé n'avait-il jamais reconnu la source d'inspiration de son personnage ?

Au rez-de-chaussée, on pouvait visionner de petites vidéos montrant de courts films d'époque : Jack à cheval, jonglant et faisant des pitreries, câlinant des porcelets... Une magnifique maquette de son yacht trônait dans une vitrine ainsi qu'une autre de la *Wolf house*, sa gigantesque demeure de milliardaire qui brûla en une nuit, la veille de son aménagement. Un incendie criminel dont on n'identifia jamais les auteurs. Il y avait aussi dans un cadre son acte de décès qui soulevait beaucoup d'interrogations, tant il était en contradiction avec les échos de la presse. Accident ? Maladie ? Suicide ? et pourquoi pas meurtre ?... Ses origines familiales étaient mystérieuses, les conditions de sa mort le resteront tout autant.

Nous décidâmes de quitter le musée pour aller

voir les ruines de la *Wolf house* puis le cottage, le logement où Jack London écrivit ses derniers livres et finit sa vie. Je découvrais, en chemin, les vestiges de son domaine agricole où il s'employa sur la fin de sa vie à mener le travail d'un fermier écologiste avant la lettre. Nous passions à côté d'un champ de cactus sans épines, une expérience agronomique qu'il avait développée pour trouver une nourriture de substitution pour les bêtes. Il y avait un lac artificiel qu'il avait créé pour en faire un vivier à poissons et une réserve d'eau pour le ranch. Je découvrais aussi son palais idéal pour cochons, dont il avait entièrement conçu l'architecture afin d'améliorer le bien-être des animaux. Les ruines de la *Wolf house* étaient grandioses et dévoilaient ce qui aurait dû être un véritable palais de milliardaire consacrant aux yeux du monde entier sa brillante réussite sociale et littéraire. Visiblement le gosse des docks, l'écrivain gaucho qui avait fait fortune par l'audace et la force de sa volonté avait voulu battre le capitalisme à son propre jeu.

Je ressentis une vive émotion dans le cottage où tout avait été préservé ou reconstitué à l'identique. On découvrait l'habitat où Jack avait vécu, le jardin privé, la cuisine, le séjour, la chambre où il décéda et surtout son bureau, là où il travaillait, téléphonait, écrivait ses livres, tantôt à la main, tantôt à la machine tout en écoutant parfois de la musique sur un gramophone resté en place. Je reconnaissais des photos vues au musée, tout était en place, avec des papiers, du courrier, des livres, des journaux, deux machines à écrire, un grand fauteuil pivotant dont on avait l'impression que l'occupant venait tout juste de quitter la pièce. Je n'eus pas du tout le même ressenti que celui de la visite du musée. Alors que nous n'étions que deux, ma femme et moi, nous ressentions le besoin de chuchoter comme si nous ne voulions pas déranger. Ce lieu était à mes yeux clairement habité et de fait, j'avais l'impression d'être un intrus dans un sanctuaire. Nous quittâmes les lieux sur la pointe des pieds.

En revenant vers la voiture, nous nous séparâmes, j'étais motivé pour aller sur la tombe de Jack London située non loin dans le parc. En guise de tombe, il s'agissait d'un simple rocher rougeâtre posé au milieu d'une petite clairière, là où ses cendres reposaient. Une citation de Jack lue au musée me revint à l'esprit : *J'aime mieux être un météore superbe plutôt qu'une planète endormie. La fonction de l'homme est de vivre, non d'exister. Je ne gâcherai pas mes jours à tenter de prolonger ma vie. Je veux brûler tout mon temps.* Comment ne pas penser à cette citation devant ce rocher rouge qui évoque une météorite tombée du ciel. Mort à quarante ans, brisé par la gloire et les excès, consumé par sa propre énergie, Jack London, tel un météore, avait traversé le ciel de la littérature américaine, illuminant celle-ci de mille feux.

L'esprit de Jack London m'avait durablement

capté et j'allais venir trois fois en six ans dans la *Sonoma Valley* rien que pour lui. Je me mis à dévorer tous ses livres et la motivation pour me lancer à mon tour dans l'écriture n'eut de cesse de grandir. Outre mes autres projets d'écriture sur Joyeuse, Boissel, etc, j'écrivis sur Jack London un projet de roman mi-fantastique mi-policier. Celui évolua en un scénario de film qui se concrétisa par un tournage improbable durant les étés 2011 et 2012. Dans la continuité de la réalisation du film *Boissel*, nous avions décidé de former une petite équipe de tournage et d'aller tourner aux States THE film sur Jack London avec le même chef opérateur de talent, Vincent Aubert, la même actrice principale Charlotte Duthoy, et dans le rôle de Jack celui qui avait joué Boissel. On n'est jamais aussi bien servi que par soi-même... Mais à la différence du tournage Boissel, nous allions cette fois expérimenter les charmes du *Guerilla film making* !

Il faut comprendre dans cette dernière appellation, qui pourrait faussement avoir des relents hollywoodiens, qu'il s'agissait de tourner un film à l'arrache, en mode système D avec une équipe qui tenait dans une voiture, sans le sou, sans autorisation bien sûr, et la plupart du temps dans des lieux interdits. Voici donc le contexte planté, nous avions certes un scénario et un embryon de plan de tournage mais il fallait s'adapter et surtout improviser. Notre équipe de tournage se limitait donc à quatre ou cinq individus, les trois Pieds nickelés ardéchois, et un ou deux complices français vivant sur place en Californie ou dans le Colorado. Quand nous avions su que le *National Park Jack London* nous demandait une assurance d'un million de dollars pour venir tourner notre petit film sans budget, nous savions que nous allions devoir faire preuve de beaucoup d'astuce pour aller sur place et contourner les problèmes. À cette fin, il nous fallut détourner l'attention des rangers, enjamber des barrières de sécurité et aller tourner en direct là où l'on n'avait pas d'autorisation...

Il y aurait eu un *making-of* extrêmement drôle à faire sur ce tournage tant l'aventure humaine fut égrenée des plus abracadabrantesques incidents. Entre de multiples interpellations par des policiers, rangers ou vigiles, de singulières rencontres d'individus parfois sympathiques, parfois très inquiétants, la phobie de notre chef-opérateur pour les serpents, des désaccords tendus sur l'emploi de la carte routière ou du GPS, un ours croisé dans les montagnes du Colorado, une débandade en catastrophe de toute l'équipe face à une nuée de moustiques agressifs et d'inévitables tensions apparues entre les membres de notre petite équipe mixte. Au final, le rendu cinématographique du film, disponible sur YouTube, se révéla à la hauteur qualitative du film *Boissel.* C'est précisément cette deuxième histoire dans l'histoire, celle du tournage, qui me donna la matière et l'envie d'écrire en 2012 un nouveau scénario de film qui aurait relaté le tournage improbable d'un film aux USA par une poignée de *frenchies* téméraires : *À la poursuite de Salinger*. Mais que vient faire Salinger là-dedans ? me demanderez-vous. Nous y voilà et la réponse tient en deux mots *coïncidences* et *Golden Gate*.

Nous venions de finir le tournage d'une scène sur une plage de San Francisco avec un magnifique coucher de soleil sur le *Golden Gate*. Il y avait un vent frisquet et malgré une eau glaciale, notre caméraman, véritable samouraï de la photo, n'avait pas hésité à mouiller la chemise ou plutôt le pantalon pour faire trempette et saisir LE plan magnifique de la séquence. Celui où Charlotte assise sur la plage lisait *Martin Eden*, pieds nus et cheveux au vent, malgré la fraîcheur de la température. Et en arrière-plan, se dessinait de dos sur une jetée battue par les vagues, la silhouette stoïque de Jack qui fixait à la fois l'océan et le crépuscule naissant. Rushes dans la boîte, alors que nous nous séchions sur le parking et changions de tenues, un homme et une femme, qui tenait en laisse un chien, passèrent non loin de nous. Cette dernière nous avait entendus parler et revint sur ses pas pour nous demander notre origine. Elle se présenta comme une francophone francophile qui avait fait des études à Paris. Et c'est là que nous fîmes la connaissance de Joyce Maynard, écrivaine américaine, qui fut la maîtresse, et compagne de vie pendant un an, de l'écrivain Jérôme David Salinger lorsque celui-ci avait 53 ans et qu'elle était une jeune étudiante de 18 ans à l'université de Yale. J D Salinger, une autre icône de la littérature américaine, pourtant auteur d'un unique best-seller, *l'un des plus grands succès néanmoins de l'édition mondiale, L'Attrape-cœurs* paru en 1951 et qui raconte l'errance new-yorkaise d'un adolescent en fugue après avoir été viré de son collège à la veille de Noël.

Le contact avec Joyce Maynard devint immédiatement amical. Le soir de notre rencontre, nous partagions une table au restaurant *Indian Oven* et quelques jours plus tard, nous étions invités à une *garden party* dans sa villa californienne. On s'était offert et dédicacé l'un à l'autre, des livres. Je lui offris *L'énigme Boissel* et *Wood for wood* qui traînaient dans ma valise, et elle me dédicaça son dernier livre récemment traduit en français, *Et devant moi, le monde*, un ouvrage autobiographique où elle décrivait précisément sa relation amoureuse et surtout douloureuse avec l'écrivain culte. Par politesse ou réel intérêt, elle se montrait autant à l'écoute de ma passion pour Jack London, Boissel et autres bombes en bois, que de mon côté, je l'assaillais de questions sur ce fascinant Salinger qu'elle avait pu étudier de très près.

Salinger, un écrivain mythique et mystérieux dont le parcours personnel me fascinait bien plus que son œuvre littéraire qui n'était pas, pour moi, celle d'un auteur majeur. Salinger m'intéressait aussi parce qu'il était l'exact opposé d'un Jack London qui rechercha toute sa vie la lumière. Appelé sous les drapeaux, ce soldat de la 4ème division d'infanterie américaine, qui finit sergent, avait vécu le débarquement de Normandie, libéré Paris, connu la bataille des Ardennes et avait été l'un des premiers soldats à entrer dans Dachau. Soigné après guerre pour des troubles de stress post-traumatique, il retourna à la vie civile et se consacra à l'écriture. Et alors qu'il réalisait son grand œuvre littéraire, il se mit à fuir les médias, le monde de l'édition et les curieux de tout poil. Une forme de repli autistique qui me rappelait celui de Bobby Fisher, le génial joueur américain des échecs, qui disparut totalement de la circulation, fuyant journalistes et tout joueur d'échecs lorsqu'il devint champion du monde en 1972. L'année précisément où Joyce Maynard connut Salinger qui s'était retiré depuis une vingtaine d'années dans sa demeure isolée du New-Hampshire. J'étais très curieux de connaître la réalité quotidienne de ce géant malgré lui de la littérature américaine qui s'était transformé en ermite sauvage. Était-il devenu mystique ? Quel était son mode de vie ? Quelles discussions entretenait-il avec elle ? Avait-il complètement renoncé à écrire ?

Elle m'apprit qu'il menait effectivement une vie de reclus dans un petit ranch accroché sur une montagne, une maisonnette en bois de quatre pièces avec une belle terrasse avec vue imprenable sur le Mont Ascutney. Fuyant tout contact extérieur, il s'était passionné pour l'hindouisme vedanta et le bouddhisme zen, converti au végétarisme, à l'acupuncture et l'homéopathie. Était-il passionné ou converti au zen ? Elle n'aurait su le dire tant il restait énigmatique et peu bavard. Il récitait parfois des prières dans une langue étrangère qui aurait pu être du sanscrit ou du japonais, elle n'aurait su le dire. De fait, sa vie quotidienne était devenue quasi monastique, il méditait tous les jours pendant des heures, déjeunait très frugalement de fruits secs et de légumes cuits. Il effectuait, l'après-midi, toujours la même promenade. Le soir, sa distraction favorite était de projeter des films sur un projecteur 16 mm, notamment ceux d'Hitchcock qu'il adorait. Sa deuxième distraction consistait dans sa Jeep qu'il menait comme un fou sur les petites routes du New Hampshire. Sinon une vie de moine reclus mais le vœu d'abstinence en moins, car la jeune Joyce ne connut jamais l'épanouissement en ce domaine, versant souvent des larmes sous les draps. Une relation éprouvante à laquelle *Jerry*, comme elle le surnommait, mit un terme cruellement, du jour au lendemain, sans jamais lui donner la moindre explication, comme on se débarrasse d'un jouet.

Mais alors, lui qui ne publiait plus rien depuis le début des années 60, avait-il définitivement renoncé à l'écriture ? Et c'est là que la réponse de Joyce Maynard me désarçonna : tout au contraire, Salinger consacrait chaque jour la moitié de son temps *à son travail* comme il l'appelait, c'est-à-dire *écrire dans son bureau* toujours fermé à clef. C'est ainsi que, selon elle, Salinger aurait écrit pendant toutes ces années de nombreuses nouvelles et plusieurs romans, au moins deux en 1972 dont elle aurait vu les tapuscrits. Elle me précisa même que l'un de ces romans se déroulait durant la Seconde Guerre mondiale. Un nombre de romans qui seraient passés à une quinzaine trente ans plus tard. Je n'en croyais pas mes oreilles. Mais que faisait-il donc de ses écrits ? « Il les enfermait dans une armoire blindée, une petite chambre forte qu'il avait fait faire dans l'annexe de son bureau ». J'hallucinais. Ce mythe de la littérature américaine écrivait des livres pour les enfermer dans un coffre fort afin que surtout personne ne puisse les lire !... Quelle explication donnait-elle à ce comportement qui s'apparentait à de la folie ? Elle n'avait pas d'explication rationnelle et son attitude, notamment à son égard, resta pour elle un mystère non résolu. Elle me cita juste une phrase tirée de *L'Attrape-cœurs* qui aurait pu, aussi bien, résumer sa personnalité que constituer un koan zen : *Si j'étais pianiste, je jouerais enfermé dans un placard.*

Suite à cette rencontre, l'énigme de la personnalité de Salinger devenait, à mes yeux, encore plus fascinante. Je m'imaginais revenir aux États-Unis pour aller à Cornish, le village du New Hampshire où il vécut la plus grande partie de sa vie jusqu'à sa mort. Enquêter auprès du voisinage, retrouver sa trace et essayer de comprendre. Platon disait qu'il y avait deux voies d'accès à l'immortalité : la procréation et la création. De son côté, le philosophe Michel Foucault définissait la folie comme absence d'œuvre. Qu'aurait-il dit alors d'un créateur, un artiste ou un écrivain qui refusent que leurs œuvres passent à la postérité ? Refuser qu'il y ait un destin à des œuvres, même posthume, c'est refuser le statut d'œuvre à ce que l'on vient d'écrire ou d'engendrer. Une œuvre créative commence à exister quand on est au moins deux. Imagine-t-on Mozart écrire *Les noces de Figaro* ou Beethoven la 5ème symphonie pour ensuite l'enfermer dans un tiroir ou le mettre au feu ? Quelle était donc cette forme de rétention ou de négation du statut de l'œuvre par l'auteur lui-même ? Une forme d'onanisme morbide de la créativité ? Ou peut-être, une forme de confession secrète, d'auto-thérapie ? Il est vrai que Salinger avait connu le traumatisme des premiers soldats qui découvrirent l'horreur des camps d'extermination.

Sur le chemin du retour, ou plutôt sur le vol du retour des États-Unis, nous eûmes une très longue attente à Washington entre deux correspondances aériennes. J'en profitai pour pianoter sur le clavier de mon portable et mettre de l'ordre dans mes idées et mes projets. Je me sentais tiraillé entre trois univers totalement distincts, celui de Jack London tout d'abord dans lequel nous nous étions immergés durant de longues semaines. Celui de l'aventure humaine totalement rocambolesque de ce tournage qui m'offrait la matière et l'inspiration pour écrire un *road-movie* désopilant relatant l'aventure d'une bande de compères vidéastes ardéchois partis à la conquête de l'Amérique. Et enfin, fort de ma rencontre avec Joyce Maynard, j'avais l'envie d'écrire un roman ou de faire un film sur ce singulier écrivain, maudit par lui-même.

Revenu à Joyeuse, après un temps de réflexion, je décidai de réunir finalement ces deux derniers projets pour n'en faire qu'un. Écrire le scénario d'une comédie qui aurait pour sujet la quête de cinq vidéastes et acteurs amateurs ardéchois, désœuvrés et fauchés, mais prêts à s'embarquer pour les States et suivre le projet déraciné d'un apprenti réalisateur, Don Quichotte, égaré du 7ème art, qui réussit à les convaincre que la gloire cinématographique se trouvait au bout du tournage d'un documentaire sur les traces du grand J D Salinger grâce à la médiation de l'écrivaine Joyce Maynard. *À la poursuite de Salinger* était né. Pour écrire le scénario en 2012, j'allais bénéficier de l'aide précieuse d'un diplômé d'école de cinéma, Gildas Jaffrennou. Un prof de cinéma, *script-doctor*, qui contribua significativement à ce que ce film ne soit pas un simple *road-movie* en mode *running gags* mais une histoire construite avec un deuxième scénario plus intimiste intégré dans celui de la folle équipée. La collaboration avec Gildas fut non seulement productive mais agréable. C'était la première fois que je partageais en duo un travail d'écriture. Le scénario fit l'objet d'une lecture publique en Ardèche, qui fut enregistrée le 18 janvier 2013, et l'été de la même année, plusieurs séquences du film furent entièrement tournées afin de promouvoir notre projet auprès de boîtes de production parisiennes. Hélas, comme pour *Boissel* ou *Jack London*, le projet ne rencontra jamais l'oreille des professionnels du cinéma. Reste de cette belle aventure créative un livre scénario publié et disponible ainsi qu'une vidéo en forme de symphonie inachevée accessible sur le net, merci Youtube.

Finalement, avec tous mes films qui ne rencontrèrent jamais que la visibilité obscure d'une poignée de clics sur le Net, je finissais avec le temps par me trouver dans le miroir un profil assez romantique, de type précisément *Salingérien*. Le profil d'un *écrivaillon, cinéasteur, ardéchois* qui aurait fait sienne cette déclaration du maître ermite de Cornish : *L'anonymat de l'obscurité, ou, si l'on préfère, l'obscurité de l'anonymat, constitue pour un écrivain l'un des biens les plus précieux (...) Il y a une tranquillité merveilleuse dans le fait de ne pas publier. (...) La publication est une terrifiante invasion de ma vie privée. J'aime écrire. J'adore écrire. Mais je n'écris que pour moi et mon bon plaisir.*

Salingérien malgré moi, je vous confesserais, ami lecteur, que j'adore écrire certes, mais qu'un plaisir partagé avec vous, là, en ce moment précis, où vous me tenez dans le regard de vos mains, a tout de même tellement, tellement plus de saveur, qu'un plaisir solitaire.

Adieu Monsieur Salinger et merci Jack de m'avoir donné des rêves à rêver.

Mort au champ d'honneur

— PAC, es-tu disponible début juillet pour un tournage du côté de Reims ?

— Ben ça dépend pour quoi faire ? Peut-être ?...

Lorsqu'au téléphone, mon ami réalisateur Olivier Debras m'expliqua un projet de court métrage historique pour le compte du musée de la Guerre et de la Paix des Ardennes, je tendis l'oreille. Lorsque je sus qu'il s'agissait d'une reconstitution d'une bataille de mai 40 avec des figurants et du matériel d'époque, je fus séduit. Quand il m'annonça que je devais incarner le personnage d'un sergent de l'armée française avec du texte et des répliques, j'étais conquis. Comment refuser un tel rôle qui me permettait de mettre mes pas dans ceux de mon regretté père qui fut précisément en 1940 sergent dans la 7ème division d'infanterie qui se bâtit à quelques kilomètres de Fismes, lieu du tournage ? Curieuse coïncidence à 77 ans d'écart que d'endosser l'exacte tenue qu'il portait à cette poignée de kilomètres de l'endroit où il s'était battu. Pour la circonstance, j'allais accrocher fièrement sur ma poitrine l'insigne de son régiment que j'avais conservé.

Le tournage impliquait de nombreux bénévoles d'associations, passionnés par la reconstitution historique 39-45, ainsi que des véhicules de l'association France 40 et d'une association de Normandie spécialisée dans la reconstitution allemande. J'avais été prévenu qu'il s'agissait d'un tournage « à la dure » où pendant trois jours, on allait mener une vie de bidasse « comme en ce temps-là ». De fait, à l'arrivée, on allait chercher sa tenue, son paquetage et son fusil MAS 36 à un véritable caporal fourrier. Dans une grange, la cantine était très sommaire, les WC consistaient en une fosse, creusée entre deux arbres, truffée de moustiques qui nous piquaient les fesses ! Pour la toilette, on devait se partager un tuyau d'arrosage unique dans la cour de la ferme. Les deux nuits se passaient sur des matelas ou lits de camps militaires dans une immense grange ouverte sur l'extérieur. La nuit, le bruissement des rats courant dans le grenier le disputait au concert de ronflements des vaillants figurants endormis pour la plupart dans leur tenue de guerre, esprit de reconstitution oblige.

Le site de tournage était impressionnant par son réalisme. Une authentique ferme avec plusieurs corps de bâtiments. Une dizaine de véhicules d'époque avaient été placés, certains à l'état d'épave, faussement calcinés, d'autres en parfait état de fonctionnement. Du côté français, un char Renault R35, une chenillette française UE et un canon antichar de 47 se partageaient la vedette. Du côté allemand, le matériel n'était pas en reste : un canon Flak 38, un véhicule blindé de reconnaissance SDKFZ 222, un char d'assaut Stug III. Tous en parfait état de marche et de tirs (à blanc heureusement). Des affiches publicitaires d'époque étaient accrochées sur les murs. Les craquements d'un gramophone distillaient des chansonnettes de ce temps-là pendant que des soldats en tenue vaquaient çà et là, ou entretenaient leur matériel. J'avais vraiment l'impression de vivre dans une totale rupture de l'espace-temps.

C'est en enfilant ma tenue de soldat que j'ai mieux compris pourquoi on avait perdu la guerre en 40. Outre l'inconfort de cet uniforme, le temps que l'on enroule nos bandes molletières avant de lacer des chaussures tellement rigides qu'elles paraissaient être en bois, nos voisins de ronflement en tenue vert de gris avaient déjà enfilé leurs bottes, boutonné leur capote et nous attendaient dehors, casqués, en fumant une clope. La première journée était consacrée aux répétitions des dialogues et à la mise en place des déplacements. La deuxième à l'enregistrement des scènes dialoguées et la troisième au tournage de la fameuse scène de bataille où tous les explosifs, pétards et feux d'artifice devaient livrer leur concert final.

Pour simuler des impacts et ajouter du réalisme aux scènes de combat, un tireur armé d'un fusil à air comprimé tirait des billes de plâtre dans le sol et sur les carrosseries des épaves. Gare à celui qui en recevait une dans les jambes car le bleu était douloureux. Les artificiers avaient disposé de nombreux explosifs un peu partout ainsi qu'à un endroit du sol pour simuler le traçage d'un tir de mitrailleuse où j'étais supposé courir et chuter dans un magnifique roulé-boulé qui marquait le terme de la vie de mon personnage. La séquence avait été répétée trois fois avec le déplacement des blindés mais pour le dernier jour, c'était la seule et unique prise qu'il ne fallait pas rater avec le déclenchement des explosifs. Il était temps, car sous un soleil de plomb, on transpirait comme des bœufs, nos visages dégoulinaient, nos pieds truffés d'ampoules étaient en feu et nos tenues nous démangeaient sans parler des piqûres de moustiques.

Bref, dans un vacarme assourdissant, je fis ma course finale au milieu des pétards et effectuai mon roulé-boulé qui s'accompagna d'une embardée malencontreuse qui me fit cogner mon pied contre une roche. La scène était réaliste mais une vive douleur me traversa le pied qui s'avéra être le lendemain une fracture de l'orteil. Mais pour la seconde, je faisais le mort, car mon personnage venait de mourir héroïquement au champ d'honneur. Les bras de deux camarades me tirèrent de la zone de combat pour me déposer sur un brancard prévu à cet effet. J'entendis au loin le réalisateur lancer « Coupez. C'est bon c'est dans la boîte. PAC tu restes sur ton brancard pour la scène finale ».

Cette dernière impliquait deux officiers arrivant à cheval et donnant l'ordre à la troupe de battre en retraite. Dieu qu'il était doux de rester là sur ce brancard, les yeux fermés, inerte alors que tout continuait à bouger autour de soi et que j'entendais au loin les voix de l'équipe poursuivant le tournage. Bizarrement, je ne ressentais plus rien, aucune chaleur étouffante, douleur au pied, piqûre aux fesses ou autre morsure de puce. Je me surpris à sourire et même à rire intérieurement. J'eus l'image incongrue d'un soldat casqué qui riait dans son cercueil. Rarement, je m'étais senti aussi décontracté dans ma vie. Je ne sais si la mort est une farce pour celui qui l'expérimente mais depuis cette expérience, je n'ai plus peur d'elle. J'en suis sûr, la mort est douce pour celui qui part.

Le chapeau du diable

Objets inanimés, avez-vous donc une âme ? interrogeait Lamartine. Plusieurs expériences personnelles m'en ont donné confirmation, dont l'expérience singulière que je vais relater.

À la faveur d'un stage d'une semaine sur le « troisième œil » avec le médium Robin Gairaud dans un gîte collectif à Rocles près de Largentière, j'avais découvert et expérimenté une forme de psychométrie très étonnante qu'il appelait « technique du pendule corporel » ou encore « scannage énergétique par Biochamps ». À la frontière de la kinésiologie, de la bioénergie et de la radiesthésie, bref d'un domaine paranormal que les rationalistes qualifieront de délire pas très normal, j'avais découvert et exploré l'univers de mes ressentis et mouvements de la main gauche lorsque ma main droite effleurait un objet ou traversait un lieu dont je voulais capter les informations. J'avais aussi et surtout appris à laisser venir des flashs dans mon esprit, sans porter de jugement et surtout sans me mettre à enfourcher le cheval fou de mon imagination débridée. Des flashs visuels me parvenaient, mais aussi parfois des sons et, plus troublant occasionnellement,

« des voix ». Oui, rassurons tout de suite le lecteur, je connais l'histoire des voix de Jeanne d'Arc et je sais qu'il existe des troubles psychiques qui conduisent à l'internement psychiatrique. Tout va bien, soyez rassuré, je reste un être rationnel de base, qui essaye d'utiliser au mieux la faculté de son intelligence. On mesure l'intelligence d'un individu à la quantité d'incertitudes qu'il est capable de supporter, disait Kant. Pour le paraphraser, je dirais qu'on mesure l'intelligence d'un individu à son degré d'ouverture et de curiosité pour des phénomènes qui dépassent notre entendement parce que la science ne sait pas encore l'expliquer.

Plus jeune, je m'étais amusé comme beaucoup d'adolescents, à faire bouger des verres ou faire tourner des tables dans la recherche d'une communication avec un hypothétique au-delà. Mis à part quelques troublantes expériences avec des proches disparus de ma famille, la pauvreté des échanges en mode « oui-non » et l'extrême lenteur d'une communication laborieuse qui s'apparentait plutôt à du télégraphe de Chappe mal huilé avaient fini par me décevoir et me détourner de la chose.

Avec Robin, j'avais l'impression de renouer un peu avec ces pratiques, mais là c'était une partie de mon corps, le côté gauche, qui répondait à des questions que mon esprit soulevait en utilisant ma main droite. Ma main gauche répondait - ou pas - à des questions précises que mon esprit posait ou bien mon corps me transmettait des ressentis par rapport à des lieux, des objets, des situations ou des personnes. Et j'avoue que j'ai eu l'immense chance de vivre une semaine d'expériences comme je n'en avais jamais vécu jusqu'alors dans ma vie. Je découvris qu'il existait dans la nature et dans certains lieux des portes énergétiques ou vortex. Dans la forêt du Tanargue, au sommet montagneux de la tour de Brison, dans l'église du XIIème siècle de Prunet ou encore dans le cimetière de Joannas, j'appris à écouter la mémoire des lieux, à faire parler des objets et à entendre un souffle de l'invisible.

L'expérience que je vais rapporter ne se déroula pas en Ardèche mais en Normandie, non loin de Caen, dans la ferme d'un ami que nous appellerons Pascal. Issu d'une grande famille bourgeoise, Pascal était un riche agent immobilier qui pouvait se permettre maintes folies en raison de l'importance de ses revenus mensuels. L'une de ses passions était l'aéronautique, il était pilote à l'aéroclub de Carpiquet et possédait son propre appareil, un Cessna 172 « Skyhawk » qu'il revendit en 2019 pour s'acheter un somptueux biplan Waco des années 30. Cette passion de l'aéronautique nous avait réunis à l'origine. Mais c'est une seconde passion qui va nous amener au récit authentique qui va suivre.

Pascal était un collectionneur compulsif, voire fou furieux pour tout ce qui touchait la Seconde Guerre mondiale, un conflit que ses parents avaient côtoyé de très près. La soixantaine bien mûrissante, il avait recueilli en un demi-siècle de chine, de troc et d'achats parfois au prix fort, une collection ahurissante de véhicules, d'armes, de tenues et d'objets divers qu'il conservait bien secrètement dans deux corps de bâtiments de son imposante ferme normande. Un ensemble qui aurait fait pâlir de jalousie le musée des Invalides et le mémorial de Caen réunis.

On découvrait au rez-de-chaussée des deux bâtiments des véhicules, tous en parfait état de fonctionnement. Une Jeep, un Dodge, un camion GMC aux couleurs de l'armée américaine, un side-car BMW aux couleurs de l'Afrika Korps, un véhicule « Kubelwagen » de commandement, un autre amphibie « Schwimmwagen », deux canons antichars aptes au tir, un français et un allemand, des caisses de munitions, vides quand même, de nombreux filets de camouflage et même une cellule d'avion, un Messerschmitt BF 108 qui avait perdu ses ailes mais pas sa croix gammée sur son empennage. Ce fut la présence des canons non démilitarisé qui m'interpella. N'était-ce pas illégal ?

— Oh, soupira Pascal, quand tu verras l'armurerie que j'ai là-haut, qu'est-ce que tu diras ? Disons que ce n'est pas interdit d'en avoir mais c'est interdit de l'utiliser et surtout c'est interdit de se faire prendre... Son clin d'œil en disait long.

En grimpant à l'étage, je fus littéralement cloué

sur place par le spectacle qui s'étalait devant mes yeux. J'eus l'impression d'être dans un souk ou un bazar consacré à la Seconde Guerre mondiale. On aurait pu se croire dans la réserve de l'Imperial War Museum ou dans les coulisses d'un accessoiriste de cinéma pour le tournage d'une superproduction hollywoodienne. Sauf que là, rien n'était postiche, tout était garanti d'époque.

Il y avait pêle-mêle des armes, des mannequins habillés, des uniformes et tenues militaires en très grand nombre sur des portants, des armes en tous genres sur plusieurs râteliers, des tables et des caisses couvertes d'un bric-à-brac militaire, quelques meubles et vitrines où se mélangeaient des médailles militaires de tous pays, des caisses et des cartons remplis de journaux, de tracts et de magazines d'époque. Sur les rayons de plusieurs étagères s'alignaient une quantité difficilement dénombrable de casques de chacune des armées belligérantes dans toutes les versions colorées possibles. Sur une autre étagère, toutes les grenades utilisées dans leurs différentes versions par les armées en conflit.

— J'espère qu'elles sont démilitarisées, au moins ?
— Elles sont toutes goupillées, me répondit en souriant Pascal. Je préférais penser qu'il faisait de l'humour.

Dans ce gigantesque bric-à-brac, on avait du mal à se faufiler tant la pièce était encombrée. Je reconnus plusieurs fusils français MAS 36, des Mausers allemands, un Lee-Enfield anglais, trois M1 américains, un pistolet Luger parmi diverses armes de poing, plusieurs mitraillettes, allemandes, anglaises et même russes. Il y avait une vingtaine de mannequins, certains étaient habillés en soldats casqués, d'autres en tenue de pilotes, de marins, de sous-officiers ou d'officiers voire de généraux. Il y avait la tenue complète vert-de-gris d'un général de la Wehrmacht, bleue gris d'un général de la Luftwaffe et bleu foncée d'un grand officier de la Kriegsmarine. Je saisis avec curiosité un casque colonial de l'Afrika Korps, c'était la première fois que j'en examinai un authentique.

Pascal me montra avec fierté la malle complète des effets personnels d'un pilote kamikaze japonais. Selon ses dires, il avait une centaine de tenues complètes. J'étais porté à le croire au vu de tout ce qui était exposé. Il m'exhiba la tenue complète en cuir fourrée d'un pilote de bombardier français, modèle 1936. L'objet m'intéressa, en détaillant l'étiquette cousue sur le revers du col, je fus très surpris de lire : « Calorifuge en tissu AVION ou fourrure Française. Breveté SGDG. Auguste Delubac. Lemercier Frères. VALS-LES-BAINS ». Ainsi donc cette tenue rembourrée provenait de mon Ardèche d'adoption. L'étiquette précisait même : « Seuls concessionnaires pour la France et divers pays d'Europe. » Mon ami m'autorisa à prendre en photo l'objet et son étiquette. J'en profitais pour saisir quelques clichés de cette étonnante caverne d'Ali-Baba.

— À ne pas diffuser, Pierre Antoine...
— Bien sûr, Pascal, elles resteront dans mon ordinateur. *Mais il ne m'interdit pas d'en parler*, pensai-je...

Il y avait un grand portrait d'Hitler, peint en couleur, accroché sur un pignon de mur. Un deuxième plus petit était posé au-dessus d'une armoire vitrée. Il s'agissait d'un portrait photographique en noir et blanc qui avait manifestement reçu un impact de balle. Pascal s'approcha de l'armoire pour l'ouvrir et en sortir une tête de mannequin supportant une casquette nazie ; sur le front du postiche avait été peint une mèche brune et sous le nez, la fameuse moustache qui n'était pas, hélas, celle de Charlot. Il saisit la casquette et me la tendit. Elle était de couleur beige avec une visière en cuir poli marron garni d'un bandeau en velours d'une couleur bordeaux passée. L'aigle, le macaron insigne sur la bande et les passepoils avaient l'apparence de galons tissés avec des fils d'or.

— Ne me dis pas que cette casquette est : authentique ?!...
— Bien sûr que si, cher ami. Et elle a même été analysée pour confirmation par le laboratoire de la police criminelle de Lyon.
Et Pascal de m'expliquer l'historique de son

acquisition. Il s'agissait selon lui d'une authentique casquette d'Hitler offerte au futur maréchal Leclerc par un capitaine de la 2ème DB qui avait libéré Berchtesgaden et qui fut le premier à investir le *Berghof*, la résidence secondaire du *Führer* dans les Alpes bavaroises. Pascal s'était lié d'amitié avec le fils du Maréchal Leclerc qui habitait dans le Calvados près de Lisieux. Quand la veuve du Maréchal décéda en 1996, son fils sollicita Pascal pour l'aider à faire l'inventaire et évacuer le contenu des greniers du domaine familial qui allait être mis en vente. La tâche fut longue et fastidieuse pour les deux hommes car les vestiges et objets témoins de la vie passée du maréchal Leclerc étaient autant divers qu'innombrables dans ces greniers. Pour le remercier de son aide, le fils de Leclerc lui proposa de choisir un objet dans la collection qu'il lui offrait. Pascal jeta son dévolu l'air de rien sur cette casquette dont il connaissait l'histoire mais visiblement pas son ami de Lisieux, fort heureusement pour Pascal.

En bon spécialiste passionné de la chose, Pascal fit des recherches pour vérifier l'exactitude de son authentification. Il appuya ses dires en me montrant des photos d'époque du *Berghof* en couleur, où l'on reconnaissait effectivement la casquette du dictateur telle qu'elle apparaissait sous nos yeux.

— C'est du 56, la taille exacte du tour de tête d'Hitler, et regarde un peu à l'intérieur.

Je retournais la casquette et découvris son

intérieur doublé d'une soie écrue. Au centre était cousu un losange de cuir marron sur lequel était frappé un aigle aux ailes repliées avec un svastika sur le poitrail. Au-dessus de l'aigle, on pouvait lire en lettres gothiques « Holster » et en dessous « Berlin ». Et de chaque côté de l'aigle était inscrit en lettres gothiques majuscules les lettres « A » et « H ».

— Wilhem Holster était à Berlin le tailleur officiel d'Hitler, poursuivit Pascal. J'ai pu contacter les successeurs de cette entreprise qui existe toujours et ils m'ont confirmé l'authenticité de cette casquette en ajoutant une précision. Toutes les casquettes de l'armée allemande étaient conçues avec une couture médiane sur le devant au niveau de l'aigle sauf les casquettes d'Hitler qui étaient les seules à ne pas en avoir comme tu peux le vérifier avec celle que tu as entre les mains.

Machinalement, je vérifiai en posant mon regard sur les nombreuses casquettes allemandes qui traînaient dans cet improbable conservatoire pour constater qu'effectivement elles avaient toutes une couture sur le devant.

— Et après, tu l'as également fait authentifier par la police ? demandai-je.

— Oui. Oh, je regrette cet épisode. C'est un ami qui bossait à la PJ de Lyon qui avait absolument voulu me l'emprunter soi-disant pour faire des tests génétiques. J'ai mis plus d'un an pour la récupérer et ils me l'avaient salopée et abîmée pour simplement me dire qu'elle était authentique, ce que je savais déjà. Mais toi, toi qui fais dans la radiesthésie ou le magnétisme, vérifie toi-même ! me lança-t-il comme en forme de défi.

J'étais hésitant. Certes l'occasion était trop belle pour appliquer les techniques que m'avait apprises Robin mais j'étais réèllement impressionné par cette casquette que j'osais à peine toucher. Je finis par me décider.

— Entendu, mais alors tu me laisses seul avec ce, cet... objet pendant dix minutes.
— Ok, je descends mais tu me raconteras tout ?

Je m'étais redressé, me tournant face au Nord et ancrant bien mes pieds dans le sol. Je m'appliquai la technique dite du « point zéro » et respirai profondément une dizaine de fois en essayant de déconnecter ou de réduire le flux de mes pensées. Je saisis lentement la casquette restée posée sur un bureau et laissai délicatement ma main droite l'effleurer. Je laissais mon bras droit bien dégagé et libre afin qu'il puisse aisément se mouvoir dans un mouvement d'écartement de mon corps comme le ferait l'aiguille d'un détecteur de courant multimètre. J'impulsai un léger mouvement de balancier de mon bras gauche pour initialiser le processus à la façon dont certains radiesthésistes lancent au départ le mouvement de rotation de leur pendule. Au bout d'une minute à travers les informations que me transmettait ma main droite posée sur la casquette, j'interrogeai mon corps.

Cet objet était-il authentique ? Oui à 100%, mon bras se tendait spontanément à l'horizontale.
Provenait-il du *Berghof* ou nid d'Aigle d'Hitler dans les Alpes bavaroises ? Oui à 75%. Mon bras ne se relevait qu'aux 3/4. J'ai supposé que les 25% manquant devaient correspondre à la période berlinoise de l'objet.

Cette casquette était-elle celle d'Hitler ? Oui à 35%. J'ai dû poser plusieurs questions pour comprendre cette réponse qui me surprenait et affiner le résultat. Hitler avait effectivement porté cette casquette mais finalement très peu. Il en avait bien d'autres et celle-ci n'avait servi qu'en de rares occasions à Bertchesgaden comme le confirmaient les reportages photos d'époque que m'avait montrés Franck.

J'eus alors comme un réflexe qui m'obligea à arrêter ce scannage par biochamps. Je saisis à deux mains l'objet de ma fascination et de mon trouble, et le posai sur mon crâne afin d'accéder peut-être plus directement à des informations qui pourraient remonter jusqu'à mon esprit.
Ma première sensation fut d'abord physique au niveau de la tête. Le couvre-chef était très serrant, manifestement celui qui voulut devenir le maître du monde avait une petite tête. Rapidement, les premières visions qui me parvinrent furent celles

de plusieurs visages goguenards qui s'échangeaient l'objet de main en main pour être posé sur des têtes bien rasées aux visages moqueurs voire hilares. Manifestement, l'objet avait voyagé sur plusieurs têtes.

Une sensation de vent frais effleura tout à coup mon visage. Je devais être dans une puissante voiture décapotée. J'entendais une clameur de foule enthousiaste saluant mon passage mais sans rien distinguer visuellement. Puis il y eut une image floue qui se précisa peu à peu. C'était celle d'une balustrade blanche et rouge délimitant un balcon donnant sur un magnifique panorama vert gris alpin. Un sentiment de beauté mais aussi de puissance et de pouvoir me traversa. Je ressentais autour de moi des présences, sans les voir distinctement, des présences serviles et soumises. Je me surpris à aimer l'arrogance de cette sensation de toute puissance.

Des silhouettes de personnes se précisèrent ensuite, il s'agissait pour la plupart d'individus superbement habillés en uniformes vert-de-gris, certains en noir et quelques-uns en tenue civile. Nous étions dans un immense bureau ou salon avec une grande baie vitrée donnant cette fois sur un paysage montagneux gris sous un ciel de plomb. J'eus la vision d'une immense carte étalée sur un bureau, ou plutôt sur une table basse tout aussi grande. Je remarquai des traits de couleurs crayonnés sur la carte avec des chiffres et des symboles en écriture gothique. J'étais le centre de toutes les attentions mais un mal de tête venait subitement de me saisir ainsi qu'une forte contraction dans le ventre.

Une odeur très désagréable vint alors irriter mes papilles olfactives.

« Il y a un rat crevé dans cette grange » pensais-je. Au même moment, une émotion fulgurante de peur, mélangée à un sentiment irrationnel de tristesse me traversa. L'émotion se transforma bizarrement en un sentiment de colère et de haine insondable que je n'avais jamais ressenti jusqu'à présent. J'ôtai prestement la casquette, ne souhaitant pas prolonger l'expérience. Mon front était en sueur mais le mal de tête avait presque instantanément cessé, l'odeur de rat crevé avait elle aussi disparu. Une sensation de malaise persévérait encore, telle une rémanence désagréable en mon être. Je regardai pensivement les dorures de l'aigle qui tenait entre ses serres un svastika terni par les ans et reposai négligemment l'objet devant moi sur une caisse.

Ce couvre-chef avait bien appartenu au diable.

Meurtre à Joyeuse

Macabre découverte au château

Le château des ducs de Joyeuse connut nombre d'avatars au fil du temps. Fier bâtiment de style Renaissance, construit au sommet de l'éperon rocheux de la cité médiévale du même nom, il fut pris d'assaut, pillé et vandalisé sous la Révolution. Confisqué comme bien national, puis légué sous l'Empire à la commune, cette dernière n'eut d'autre recours que de raser son aile Ouest, dont les anciens appartements seigneuriaux menaçaient ruine. L'aile Est devint une gendarmerie au XVIIIème, une école au XIXème, puis une mairie au XXème. Les deux premiers niveaux étaient affectés aux services municipaux et trois logements communaux occupaient le troisième niveau.

Le soleil rayonnait en flèches d'or lors de cette radieuse matinée d'avril. C'était un lundi, un début de journée d'un début de semaine lorsque la secrétaire de mairie, Patricia Maurin, pénétra dans son bureau situé au second étage du château mairie. Elle fut d'abord intriguée par de multiples taches rouges sur ses dossiers. Était-ce de l'encre ? La mauvaise plaisanterie d'un collègue ou la vengeance d'un administré mécontent de la dernière hausse des impôts locaux ? Mais elle tressaillit d'effroi lorsqu'elle leva la tête vers le plafond d'où suintaient des gouttes rougeâtres, épaisses et poisseuses. Mais peut-être n'était-ce que la fuite d'une canalisation avec une eau chargée de rouille ? À l'étage supérieur, un logement était loué à Maxence, un jeune employé de mairie. Avec précaution, la secrétaire tâta du bout des doigts le liquide suspect. Elle examina, horrifiée, l'extrémité de ses doigts. Il n'y avait plus de doute : c'était bien du sang !

~~~

Le texte qui précède est l'introduction d'un roman écrit à l'origine en 2013-2014 et qui devait être publié dans une édition ardéchoise de polars estivaux intitulée « Meurtre à... ». La publication ne s'était pas faite en raison d'un désaccord personnel avec l'éditeur. Le roman resta dans les cartons. En 2019, un producteur ardéchois qui avait connaissance de mon sujet me proposa de l'adapter en un scénario de téléfilm de 90 minutes pour France 3 dans la série TV policière « Meurtre à ... » avec notamment Michel Boujenah dans la distribution. Mais là c'est finalement la commission parisienne qui ne retint pas le sujet, jugé trop ceci ou pas assez cela. Les lignes qui vont suivre constituent le synopsis de ce roman/scénario qui n'a jamais pu aboutir. En tout
~~~

cas, toujours pas, au moment où l'auteur publie ces lignes. Il est des écrits maudits...

~~~

L'intrigue se déroule au cœur de l'Ardèche méridionale, dans la cité ducale de Joyeuse, bourg touristique où la légende tutoie l'histoire locale et où la chronique locale décline la grande histoire de France, notamment à travers son nom, « Joyeuse », qui était le nom de l'épée de Charlemagne qui aurait donné son nom à la cité ducale, d'après la légende.

Jeune sous-officier gendarmette de 26 ans, Angélique Dubois est originaire de la région parisienne. Fille unique et orpheline de sa mère tuée dans un accident d'avion avec son beau-père, elle ne connaît pas l'identité de son père biologique dont elle pense avoir retrouvé une trace photographique dans un vieil album retrouvé dans le grenier de la maison de sa mère.

Le capitaine Maurice Jourdan est un vieux célibataire qui a grandi et vécu en Ardèche. Âgé de 59 ans, il est passionné de chasse et de pêche à la mouche, il est confronté à « l'affaire de Joyeuse » alors qu'il était à trois mois de la retraite. C'est un homme aux besoins simples, strict sur le plan professionnel mais ne cherchant pas à faire du zèle. Fatigué par le métier, il voit son projet de couler tranquillement ses derniers mois d'activité contrarié par la fameuse
~~~

« affaire ». Il manifeste une grande timidité vis-à-vis de la gent féminine et masque celle-ci par une attitude autoritaire notamment vis-à-vis de sa jeune subordonnée.

La victime, Maxence Solilesse était un homme de 34 ans, acteur de théâtre dans les visites théâtralisées historiques de la ville. Homme raffiné, cultivé, titulaire d'un doctorat en histoire de l'art, il était aussi un militant écologiste, engagé contre un projet de complexe touristique sur la commune « Le plateau des 1000 chalets ». Passionné par l'histoire de son village et de l'Ardèche, animant les visites du musée historique local, il était frustré de ne pas avoir réussi à percer sur le plan universitaire. Homosexuel, il venait de rompre au moment de son décès avec son compagnon, clerc de notaire à Joyeuse.

Lorsque les gendarmes découvrent le corps de Maxence Solilesse, il est dans sa bibliothèque revêtu de la tenue de Charlemagne, son personnage de théâtre de rue, et baigne dans son sang avec une plaie profonde au niveau de la rate. Le logement, situé au troisième étage du château-mairie de Joyeuse, est totalement fermé de l'intérieur et aucune arme tranchante n'est visible hormis une réplique de l'épée de Charlemagne fixée au mur et à l'extrémité de laquelle suinte le sang de la victime. À côté du corps, sur le parquet, le défunt a tracé de son sang les lettres A et C, avec son doigt ensanglanté.

D'emblée, l'enquête s'annonce difficile. Meurtre, suicide ou accident, qu'est-il arrivé à Maxence Solilesse ? Aucun scénario n'est probant, à commencer par le mode opératoire ayant conduit à ce décès sanglant qui n'offre aucune piste d'explication rationnelle La police scientifique confirme que l'individu est décédé suite à une blessure profonde au niveau de la rate par une arme tranchante qui aurait pu être la reproduction de l'épée Joyeuse accrochée au mur où suintait le sang de la victime mais cette épée couverte de poussière n'a pas été décrochée de son emplacement, d'autant qu'elle est solidement fixée au mur par un dispositif boulonné. Dès lors, comment le sang de la victime est-il arrivé là ? La porte du domicile était doublement fermée de l'intérieur, ainsi que la porte de la bibliothèque où a été retrouvé le corps. Aucun autre accès que la porte d'entrée ne permet d'entrer dans le logement et le scannage des murs ne révèle aucun accès secret ou porte dérobée. Bien qu'entrebâillée, la fenêtre, située à une vingtaine de mètres du sol, est munie de barreaux et ne permet à quiconque de pénétrer dans le logement. Reste le mystérieux indice des deux lettres tracées par la victime mais il renvoie à un insondable labyrinthe de possibles comme le révèlera l'enquête.

La procureure de Privas met sous pression la brigade de gendarmerie de Largentière pour que des pistes d'explications sérieuses ou a minima vraisemblables, soient fournies très rapidement, d'autant qu'il y a un emballement médiatique sur l'affaire et que les théories les plus fantaisistes se mettent à fleurir sur les réseaux sociaux et dans la presse à sensation : « À Joyeuse, le nouveau mystère de la chambre jaune ». « La malédiction de l'épée de Charlemagne ». « Quand un fantôme tue au château de Joyeuse ». « Une arme laser extra-terrestre à l'origine du crime ? ». « Un terrible accident causé par un voyage temporel ? ». « Un mensonge d'état nous cache la vérité... »

L'enquête de voisinage amène à interroger la voisine Marie-Claire, une retraitée également locataire du château. Ses propos ne vont pas dans le sens d'une rationalisation de l'affaire. Pour elle, la bâtisse est occupée par « des résidents » d'un autre monde. Elle se sent souvent observée et entend régulièrement des bruits étranges dans le grenier du château, surtout les jours de grand vent... Au café du commerce où Maxence avait ses habitudes, les commentaires et les explications les plus fantaisistes font feu de tout bois selon le moment de la journée et le degré d'alcoolémie des personnes interrogées. De ces échanges, les enquêteurs sont amenés à suspecter Chahid, l'ancien amant qui aurait pu commettre un crime passionnel et dont l'identité commence par les lettres AC. Mais la piste est rapidement abandonnée car l'intéressé a un alibi vérifié, certes avec réticence car il était avec le mari de la bouchère, cette nuit-là. Révélation qui déclenche un drame conjugal et amène la fermeture de la seule boucherie du village.

Une piste plus sérieuse se présente avec l'audition de Charles Audibio, le Secrétaire général de la mairie dont les initiales correspondent également aux lettres de sang. Ce dernier en conflit ouvert avec Maxence Solilesse concernant l'avenir du musée historique, voulait le licencier et résilier le bail de sa location afin de récupérer le logement pour les besoins de la mairie. Une procédure d'expulsion allait être mise en œuvre dans la semaine qui suivait le décès. Mis en garde à vue, le secrétaire de mairie a fourni un alibi solide ; il était présent au congrès des maires avec la mairesse. À la faveur de ses investigations, la police découvre cependant que Maxence lui faisait depuis 8 ans un virement bancaire sur son compte personnel de 150 €, en « complément personnel et amical » du loyer officiel qui avait été minoré. Petit scandale local qui éclabousse la mairie et oblige le secrétaire à démissionner de ses fonctions.

Le curé du village, interrogé après les funérailles, se montre peu loquace. Dieu aurait probablement puni Maxence pour ses péchés mais le prêtre se montre peu convaincant et semble lui-même peu convaincu par ses propos. Angélique a le sentiment qu'il en sait plus que ce qu'il veut bien dire mais Jourdan ne souhaite pas approfondir dans cette direction. Son « flair » lui dit que la bonne piste est ailleurs.

Une lettre anonyme dénonce le directeur clairement homophobe d'une radio locale qui émet depuis la Tour de Brison, site pittoresque au sommet d'un promontoire : la radio « Canal Ardèche » pour laquelle Maxence animait bénévolement une émission culturelle relative à l'histoire et le patrimoine. La garde à vue de l'intéressé est stoppée pour cause d'alibi valable mais suite à son interpellation, de nombreuses plaintes d'auditeurs sont adressées au patron de la chaîne de radios, qui ont pour effet de faire muter le directeur d'Aubenas à l'antenne de Coudekerque dans le Nord.

Une piste plus sérieuse amène les enquêteurs à s'intéresser aux activités du Cercle Ardéchois du bâtiment. Une association informelle réunissant dans un réseau fermé une poignée de professionnels de la construction (géomètres, notaires, architectes, maîtres d'œuvres du BTP). À leur tête se trouve un vieux professionnel de l'immobilier, José Lustig, véritable « parrain » du milieu, habitant le château d'Uzer, ancienne propriété du général Mangin. Il est à l'origine d'un gros projet de complexe touristique, le « Plateau des 1000 chalets », sur un site qui domine les gorges de Labeaume, à proximité d'une zone environnementale protégée, classé Natura 2000. Un projet que combattait farouchement Maxence Solilesse car le plateau des Grads de Joyeuse est un ancien site mérovingien directement attaché à la légende carolingienne de la fondation de Joyeuse. L'enquête met à jour un trafic d'influences en bande organisée qui débouche sur l'arrestation de Lustig et de plusieurs complices pour malversation. Le projet du « Plateau des 1000 chalets » est définitivement abandonné. Pour autant, aucun lien direct entre ce réseau mafieux et la mort de Maxence n'a pu être mis en évidence, les intéressés sont disculpés de l'affaire Solilesse.

Le mystère des conditions et de la cause du décès de Maxence reste entier. La procureure menace Jourdan de le dessaisir du dossier, ce qu'il vit comme une infamie à l'approche de sa retraite. C'est alors qu'un rapport d'un médecin légiste de Montpellier lui offre une porte de sortie idéale pour son enquête qui tombait dans l'impasse. Même si la science a du mal à l'expliquer, un phénomène physico-corporel extrêmement rare a déjà été constaté et 18 cas recensés, il s'agit du processus de l'auto-combustion spontané d'un corps, qui pourrait être à l'origine du drame. Maxence Solilesse aurait en réalité été victime d'un accident, frappé par une micro auto-combustion spontanée localisée au niveau de la rate. C'est la présence constatée lors de l'autopsie, d'une légère brûlure du derme en périphérie de la plaie de la victime qui aurait mis le médecin sur cette piste. S'appuyant sur ce rapport du médecin légiste, Jourdan parvient à faire accepter cette explication à la procureure de Privas qui trouve néanmoins cette piste scientifique plutôt alambiquée mais toujours préférable à une intervention des extra-terrestres. Jourdan exulte, il espère pouvoir classer son affaire.

Seules ombres au tableau, d'une part l'attitude de sa jeune binôme qui n'accepte pas du tout cette explication et ne croit pas un seul moment à la thèse d'un accident corporel, et d'autre part les sarcasmes des réseaux sociaux, que relaient localement les piliers de bistrot, qui ne prennent pas cette explication au sérieux. À l'insu de son supérieur hiérarchique qui n'entendait pas qu'elle prît la main sur l'affaire, Angélique avait mené sa propre enquête parallèlement et était arrivée à des conclusions très différentes de celles validées par la Procureure, Jourdan et le médecin légiste. Mais Angélique hésite à faire éclater la vérité en raison de ce qu'elle a découvert sur les causes du décès de Maxence et surtout de l'évolution de sa relation avec Jourdan qui a pris un tour inattendu.

Angélique avait volontairement postulé pour une mutation sur la brigade de Largentière. En quête de ses origines, elle avait été troublée de retrouver dans les affaires de sa mère défunte, une photo qui n'avait d'autre information au verso qu'une date : juillet 1992. Or sur cette photo, dont elle n'avait jamais eu connaissance auparavant, elle découvre sa mère souriante, posant sur un pont aux côtés d'un homme qui la tient par la taille. En arrière-plan de la photo se dessine la silhouette d'un château qu'elle finit par identifier comme celui de Largentière, cité médiévale du comte de Toulouse qui en exploitait les mines d'argent et situé dans une boucle d'un affluent de l'Ardèche. Angélique avait le souvenir que sa mère avait passé, jeune fille, des vacances en Ardèche et elle souhaitait venir dans cette région pour découvrir peut-être l'homme sur la photo. Mais à mesure que l'enquête Solilesse progresse, et que la relation entre les deux gendarmes se construit, il va s'avérer que l'homme sur la photo est précisément Maurice Jourdan jeune homme. Une analyse génétique menée discrètement le confirmera rapidement, Jourdan est bien le père biologique d'Angélique. Quand et comment va-t-elle lui révéler cette vérité ?

Suite aux divergences sur l'affaire, les relations entre les deux enquêteurs se sont progressivement dégradées pour virer à l'orage. Alors que la conclusion officielle n'est pas prise au sérieux localement et que le vieux flic se désole de finir sa carrière sur une enquête qui le ridiculise et le déprime, Angélique est parvenue à découvrir la vérité et décide de sauver l'honneur de son père en lui offrant la clé de l'énigme au détriment de sa propre mise en valeur professionnelle.

Intriguée par l'attitude fuyante du curé de la paroisse et convaincue qu'il sait des choses qu'il ne veut ou ne peut révéler, Angélique est déterminée à utiliser un stratagème pour piéger l'homme de foi. Elle sollicite une confession afin d'obtenir l'absolution pour deux péchés, un grave et un véniel, qui perturbent sa conscience. Le péché grave est celui d'une dissimulation de la vérité dans son enquête sur l'affaire Solilesse car elle est arrivée à réunir des preuves qui impliquent son supérieur hiérarchique, Jourdan, qui serait, selon elle, l'auteur du crime. En pleine crise de conscience, elle demande conseil à l'homme de Dieu. Doit-elle incriminer son supérieur hiérarchique ? À cet énoncé, le prêtre, visiblement interloqué, réagit vivement en lui affirmant qu'elle fait complètement fausse route. Il affirme cela car Maxence Solilesse, personnalité croyante et pieuse, était venu le voir l'avant-veille de sa mort pour lui demander l'absolution en raison d'un péché grave qu'il allait commettre. Ne pouvant trahir le secret de la confession, tout ce qu'il peut lui assurer c'est qu'elle se trompe totalement. Souhaitant clore l'échange, le prêtre lui demande la nature de son deuxième péché ? Angélique lui demande alors l'absolution pour un mensonge qu'elle vient à l'instant de commettre en sa présence afin d'obtenir cette « information » puisqu'elle n'a jamais suspecté Jourdan et qu'il n'y a jamais eu la moindre charge à son encontre. Plutôt amusé par cette tentative bien jouée de la part de la gendarmette, le prêtre accueille avec un sourire amusé sa démarche. « Angélique, pour avoir joué les petits démons, vous me réciterez deux Pater et trois Avé ! » Pour la première fois depuis le début de l'enquête, Angélique décèle une marque de sympathie complice entre eux deux.

Au moment de quitter l'église, le prêtre affiche une attitude sibylline vis-à-vis d'elle. Alors qu'ils franchissent le porche et qu'ils passent devant une affiche placardée annonçant la fête votive du week-end, le curé saisit un flyer posé sur un présentoir et le tend à la gendarmette : « Tenez, ce genre de festivité est pour vous. » Par politesse, elle saisit le prospectus en le remerciant mais celui-ci ne lâche pas le papier, la fixant intensément du regard. Ne comprenant pas son attitude, elle baisse son regard sur le document et voit qu'il tient fermement le bas du papier qu'il lâche brusquement en écartant le pouce et l'index dévoilant une publicité pour un sponsor local, l'entreprise Bastide, fabrique de glace et de glaçons, située au quartier Soulège à Joyeuse.

Dans les 48 heures qui suivent Angélique s'interroge sur le sens de l'attitude du prêtre, pourquoi lui a-t-il indiqué sans mot dire cette entreprise locale partenaire de nombreuses festivités régionales ? Déterminée à en savoir plus, elle se rend à l'entreprise de glaces Bastide. Avec culot, elle aborde directement Maria, la gérante, en lui disant qu'elle vient pour l'affaire Solilesse, qu'elle a parlé avec le curé de la paroisse et qu'elle doit savoir pourquoi elle vient la voir. Croyant que le prêtre en a dit beaucoup plus que ce que la gendarmette en sait réellement, Maria avoue tout, en pleurs, prétextant de sa totale innocence dans l'affaire et dévoilant la vérité. Maxence voulait se suicider en mettant en scène théâtralement son acte de façon à ce qu'aucune explication rationnelle ne puisse être trouvée et suggérer un crime dont les auteurs ou commanditaires auraient été les promoteurs du projet des 1000 chalets. À travers son sacrifice, il voulait qu'enquêteurs et journalistes missent le nez dans une mafia locale afin que la vérité fût. Lors d'un passage chez Maria pour une commande de glaçons pour les festivités du 14 juillet, Maxence avait été interpellé par le caractère très tranchant de certaines draperies de glaces ressemblant à du verre et qui s'étaient formées dans la chambre de congélation. Il s'était même coupé légèrement un doigt en voulant saisir l'une d'entre elles, sans protection, la suite se déroula dans l'esprit d'Angélique comme si elle avait cliqué sur un lien hypertexte.

Elle vit Maxence revenant avec une glacière incognito dans l'usine la veille de sa mort. Elle le vit saisir avec précaution, d'une main gantée, l'une des concrétions congelées qui avait la forme d'un pic à glace. Elle le vit devant son évier muni de gants de cuir et aiguisant un peu plus son glaçon avec un couteau pour qu'il épousa mieux la forme de la pointe de son épée Joyeuse. Elle le vit replacer dans son congélateur le pic enveloppé d'un torchon. Il était maintenant dans sa salle de bain, saisissant son rasoir et faisant une petite entaille sous le menton, là où l'on pouvait se couper sans que rien n'y paraisse. Il avait saisi son gobelet pour recueillir un peu de ce liquide rouge avant de se passer un coup de pierre d'alun pour stopper le saignement. Il se dirigeait dans la pièce où se trouvait l'épée de Charlemagne et trempa l'extrémité de l'épée dans le gobelet rempli de son sang. Satisfait de l'opération, il retourna dans la salle de bain nettoyer et ranger son gobelet. Après s'être assuré que les deux portes étaient bien verrouillées de l'intérieur, il enfila sa tenue de Charlemagne avec ses précieux gants en cuir qui lui permettaient de saisir à pleine main l'arme qui allait lui servir à perforer son flanc. Dans un rituel presque solennel, elle le vit s'agenouiller dans sa bibliothèque face à cette épée carolingienne dont le port marquait le sacre des rois et dont la garde contenait un morceau de la croix du Christ. Elle le vit se signer lentement tel un chevalier croisé puis repérer de la main gauche ce point précis du Seppuku de la tradition des samouraïs. Après une profonde inspiration et un coup bref de la dague glacée qui allait se dissoudre et disparaître, le sang se mit à jaillir. Avant qu'il ne s'affaisse définitivement, il prit le temps de marquer sur le parquet, de ses index et majeur droits, tel un roi, les lettres A et C. Son suicide était dédicacé, son regard se brouillait, le visage blanc, il esquissa un ultime sourire ou grimace. Par ce geste unique et radical, lourd de symbole, il savait que le lendemain, il entrerait dans l'histoire et que tous ses problèmes seraient résolus là où ils allaient commencer pour tous ses ennemis qui l'avaient combattu.

Avec générosité, Angélique offre à Jourdan la veille de son pot de départ en retraite, le résultat de ses investigations personnelles, afin qu'il puisse, s'il le souhaite, rendre publique la vérité finale sur cette enquête qui marque la fin de sa carrière. Ce dernier est tout à la fois ému, abasourdi et perturbé par les révélations d'Angélique. Le sol se dérobe sous ses pieds. Tout est cohérent et explique la raison de la brûlure superficielle observée au niveau de la plaie de la victime : une brûlure par le froid ! Mais alors que faire ? Revenir sur le dossier, se dédire des conclusions officielles et relancer l'affaire qui allait être classée ? Angélique lui propose de trancher en restant sur la conclusion officielle de l'enquête qui ne porte atteinte aux intérêts de personne. Ils garderaient pour eux le secret intime et ultime que Maxence Solilesse a emporté dans la tombe. Lui qui n'avait pas réussi à être reconnu par ses pairs à l'Université. Lui qui n'avait pas réussi à percer sur la scène des théâtres. Lui qui combattait en vain un projet immobilier et qui allait être licencié et expulsé de son domicile. Lui dont les écrits étaient restés sans gloire et la vie sentimentale un échec. Lui, Maxence Solilesse, était entré dans la gloire médiatique et avait triomphé de ses ennemis par sa sortie de scène. Mais est-ce bien moral, s'interroge Jourdan ? La réponse, Angélique pense l'avoir trouvée dans l'appartement de Maxence où une citation de Nietzsche trône sur son bureau : « L'homme aime la vérité lorsqu'elle sert l'histoire mais il lui préfère toujours le mensonge et la légende lorsqu'ils servent la vie. »

Lors de son discours de pot de départ, devant toute la brigade et en présence des corps constitués, Jourdan, ému, salua et remercia sa jeune collègue dont l'efficacité et le professionnalisme lui avaient permis de faire jaillir « la lumière de la vérité » dans cette dernière affaire. Jourdan, en aparté, demanda à sa subalterne de lui pardonner l'inflexibilité qu'il lui avait témoignée durant l'enquête. Celle-ci lui révéla alors un deuxième secret qu'elle venait de percer en Ardèche. Un secret tellement plus important pour elle : celui de ses origines. Elle lui tendit la photo ancienne de deux amoureux sur le pont de Largentière. En un éclair, Jourdan comprit et submergé par l'émotion embrassa « sa fille ». Cette dernière lui chuchota alors une autre citation qu'elle avait trouvée dans le bureau de Maxence Solilesse sans qui leurs retrouvailles n'auraient jamais pu s'opérer. Il s'agissait cette fois d'une citation de Voltaire : « La vérité est la fille du temps mais son père doit la laisser aller dans le monde. »

Et la nuit je vole

« S'imaginer, de temps à autre, que nous vivons loin des choses d'ici bas, et que notre existence est faite d'une suite d'aventures ». Jean Mermoz.

Né à Lesquin, mon enfance a été bercée par l'aviation. Déjà le 1 rue Sadi Carnot où je poussai mon premier cri était une rue qui avait été réquisitionnée par les Allemands pour l'hébergement de ses pilotes. Joseph Priller, l'as aux 101 victoires, y avait sa villa à 400 mètres de notre domicile familial. Petit, j'entendais parler les anciens du village qui rapportaient moult anecdotes sur les « Boches » et le terrain d'aviation. Entre le survol des petits coucous et le vrombissement des gros porteurs qui atterrissaient ou décollaient des pistes, souvent je pointai mon nez vers le ciel bleu ou gris, en rêvant.

Pour mes neuf ans, mon papa m'avait offert un magnifique avion bimoteur rouge et blanc, un « Rallye ».

C'était un avion à friction en tôle peinte de la marque Joustra, un modèle commercialisé en 1960, l'année de ma naissance. Souvent je volais aux commandes de mon joujou m'imaginant aux prises avec les éléments et devant atterrir dans des conditions extrêmement périlleuses sur le dessus du buffet de la salle à manger avant de gagner le hangar protecteur du dessous de la commode.

Au jouet Joustra succéda le modélisme avec les maquettes d'avions Airfix et Heller à l'échelle 1/72ème. Vint alors l'heure des combats aériens entre des biplans de la Première Guerre mondiale, des Hurricane et des Junker 88 de la Seconde, avec des Fouga magister et autres Mirage III, avions à réaction des années 70, le tout mélangé bien sûr dans une magnifique uchronie car l'imagination d'un enfant s'affranchit aussi facilement de l'échelle du temps que de celle de l'espace. Occasionnellement, je prenais mon vélo pour gagner les abords du terrain d'aviation et pédaler à toute allure sur les anciennes voies de roulement qui menaient aux ruines des hangars allemands. À la force de mes mollets, je m'imaginais prendre tellement de vitesse que j'allais décoller.

À la maison, il y avait un tableau qui m'impressionnait. Il s'agissait d'une lithographie sous verre dans un cadre de bois accrochée dans la descente de la cave et qui finira plus tard dans le grenier. Il représentait un homme, en pardessus avec chemise et cravate, ses cheveux foncés brossés en arrière m'avaient fait croire, petit, qu'il s'agissait du portrait de mon père. Il s'agissait en réalité du portrait de Jean Mermoz, un pilote que mon père né en 1914 admirait fortement. Ce tableau ornait le mur de sa chambre quand il était jeune homme mais il n'était visiblement pas du goût de ma mère. Mon père né en 1914 le vénérait comme un héros de son temps, disant de ce chevalier Bayard de l'Aéropostale qu'il était « beau de partout ». De fait, Joseph Kessel, dont je dévorai la biographie qu'il lui consacra, baptisa ce « charmant, charmeur » du qualificatif d'« archange de l'aéropostale » et il restera pour toujours avec Saint-Exupéry ou Guillaumet, une figure de légende internationale de l'histoire aérienne. Lui qui débuta dans la vie comme manœuvre, balayeur dans un garage, veilleur de nuit, puis mécano, couchant là où il pouvait, il devint par la force de la passion pour le ciel, un héros de la conquête du désert, de la montagne et de l'océan. Comme Jack London, il fut un héros excentrique au sang chaud, un aventurier amoureux des plaisirs de la vie, un généreux total, un guerrier de la fête. Aujourd'hui ce vieux portrait dont j'ai fort heureusement hérité, trône dans mon salon, au-dessus du piano, et continue, chaque fois que je le regarde, à m'inspirer les valeurs de l'audace, du courage et de la passion pour le ciel.

Cette passion pour l'aéronautique n'allait jamais me quitter, m'obligeant à consacrer trois ouvrages et deux films documentaires sur le sujet. Mais ce n'est que le jour de mes 40 ans, que je franchis la porte de l'Aéroclub de l'Ardèche pour prendre mes premières leçons de pilotage. Enfin, j'allais voler en tenant, pour de vrai, des commandes de vol ! Situé au cœur de l'Ardèche méridionale, entre les rivières Ardèche et Labeaume, l'aérodrome de Labeaume-Ruoms était romantique à souhait. Avec sa piste gazonnée, ses vieux hangars plus ou moins rouillés, son petit tarmac de béton fissuré devant un sympathique club-house attenant au bureau de contrôle. C'était un petit mais merveilleux terrain d'aviation que n'aurait pas désavoué Richard Bach, l'écrivain pilote, père de *Jonathan Livingston le Goéland* et du *Messie récalcitrant*. Deux livres très aériens qui avaient marqué mon adolescence comme *Terre des hommes* ou *Vol de nuit* de Saint-Exupéry.

Bien que courte, la piste était idéalement orientée pour être facilement repérée lors des atterrissages. Au sud, elle pointait vers le majestueux Rocher de Sampzon, à l'est, elle était bordée par l'Ardèche et à l'ouest par la rivière Labeaume. Après chaque leçon de vol, pendant une ou deux heures, j'avais encore l'impression d'avoir des papillons dans la poitrine et quelques perles de cristal aux coins des yeux. Voler, c'est prendre de l'altitude et tutoyer les cieux, voir comme notre terre est belle, magnifiquement belle, vu d'en haut. Voler, c'est surfer de temps à autre sur une mer de nuages ou croiser de gigantesques colonnes de cumulonimbus. Voler, c'est parfois assister à un grandiose coucher, ou lever, de soleil. Voler, c'est réaliser pleinement que par temps gris et pluvieux, le soleil brille toujours au-dessus des nuages. En définitive voler, c'est méditer. Oui, car voler, c'est prendre de la distance avec le monde d'en bas, avec le quotidien de nos soucis, la médiocrité de certains rapports humains. Voler, c'est méditer car c'est prendre de la hauteur de vue avec notre petit moi.

Je m'étais attaqué à l'obtention du Brevet de base de pilote qui comportait un examen théorique et une épreuve pratique un peu comme pour le permis voiture. Le brevet de base ne permettait pas de traverser l'Atlantique mais juste de voler seul dans un rayon de 30 kilomètres autour de l'aérodrome de rattachement et sur l'avion qui avait servi à ma formation. Cela me suffisait pour me procurer les sensations méditatives que je recherchais. J'avais volé sur quatre appareils, un PA 18 Piper cub, véritable 2 CV du ciel dont j'appréciais la simplicité des commandes et le dépouillement du tableau de bord, un Jodel D140 et un Cessna 172 à ailes hautes. Mais l'avion de formation sur lequel j'effectuais mes heures d'apprentissage était un MS80 « Rallye » blanc et rouge ! Clin d'œil du destin qui ne s'inventait pas, j'avais l'impression d'apprendre à piloter sur l'avion fétiche de mon enfance que m'avait offert mon regretté papa trente années plus tôt !

J'étais arrivé à l'étape du lâcher et des vols solos supervisés par l'instructeur depuis le sol par radio. Ce siècle n'avait alors qu'un an lorsque deux types de considérations allaient se conjuguer pour marquer un coup d'arrêt à mon apprentissage aéronautique. Le premier était d'ordre conjugal et financier. J'étais célibataire lorsque je m'étais inscrit à Ruoms mais au bout d'un an, je m'étais remis en couple avec une Suissesse qui n'appréciait pas du tout que je « gaspille mon argent pour m'envoyer en l'air ». Et il est vrai que pour passer le brevet, il fallait compter environ 25 heures de vol à raison d'une bonne centaine d'euros la demi-heure de pilotage, la dépense devenait somptuaire pour un petit prof ardéchois qui croulait déjà sous les pensions alimentaires. Sans compter qu'une fois le brevet obtenu, pour le garder valide, il fallait justifier d'une dizaine d'heures de vol annuellement. La facture devenait lourde.

Mais c'est surtout un deuxième ordre de considérations qui allait emporter la décision. Lorsqu'elle était étudiante aux États-Unis, ma nouvelle compagne avait été traumatisée par des accidents aériens impliquant des avions de tourisme sur un aérodrome voisin de son domicile sis à Boulder dans le Colorado. Elle en avait conservé une phobie des accidents aériens surtout ceux impliquant des monomoteurs de tourisme, qu'elle considérait comme cent fois plus mortels que leurs équivalents routiers. J'avais beau essayer d'argumenter avec des statistiques nationales, elle avait le don de me couper les ailes. « Tu tombes en panne en voiture sur une route d'Ardèche, tu te gares sur le bas-côté. Il t'arrive la même chose avec ton coucou au dessus des gorges de l'Ardèche, tu meurs ! » Plus que la véhémence de son argumentation, ce sont trois accidents qui touchèrent mon secteur de pilotage qui m'amenèrent à reconsidérer la question.

Le premier impliquait mon médecin traitant de Joyeuse. Malgré une centaine d'heures de vol, il commit une erreur fatale. Il voulut faire un atterrissage court en bout de piste sauf qu'il n'était pas aux commandes d'un Piper cub mais d'un Cessna pour lequel il fallait plus de longueur. Ayant réalisé son erreur, il relança les gaz mais trop tard et l'appareil alla s'enrouler lamentablement autour d'un arbre. Mon médecin s'en sortit avec quelques égratignures mais l'oiseau blanc était bon pour la casse avec la perte sèche d'un appareil pour le club dont l'assurance ne couvrait pas ce type de dommage. Par la suite, ce fut le neveu de mon chef pilote qui connut la tragédie. Il avait appris à voler à Ruoms et il s'entraînait maintenant à Alès pour passer la qualification voltige aérienne. Au cours d'un entraînement, il eut probablement le voile noir et perdit connaissance, son appareil s'écrasa au sol. Plus tard, un autre drame aérien allait frapper durement la petite communauté aéronautique de l'Ardèche. Le jeune fils d'une collègue institutrice de Joyeuse prenait une leçon de pilotage avec Gustave Soubeyrand, fondateur de l'aéro-club d'Aubenas-Lanas lorsque le moteur de l'appareil se mit en plein vol à dégager de la fumée. Il s'agissait d'un Robin DR 400 à structure en bois. Le feu gagna très rapidement l'habitacle et transforma l'appareil en une torche qui s'écrasa sur la commune de Saint-Sernin. Il n'y eut hélas aucun survivant et bien que le chef-pilote totalisait plus de 20 000 heures de vol, il ne put rien faire face à un tel problème mécanique dont l'issue ne pouvait être que fatale.

Suite à tout cela, je me résignais à écouter ma compagne et je renonçais définitivement à voler. J'allais devenir comme ces passionnés de foot qui ne tapent jamais dans le ballon. À l'occasion, je me retrouvais bien aux côtés d'un copain pilote à Lille qui me laissait toucher les commandes de son appareil mais le sentiment intense du vol en solo caractérisé par un corps-à-corps avec l'espace, le relief, les éléments et la maîtrise d'une machine volante, tout cela s'était définitivement envolé.

Définitivement ?... Pas vraiment, non, car j'allais par bonheur faire une rencontre déterminante huit ans plus tard à l'école primaire des Vans. Lors d'un remplacement en classe de CE2 je fis la connaissance de Bruno, un AVS ou Assistant de Vie Scolaire pour élève en situation de handicap, qui s'occupait d'un enfant marqué par une forte dyslexie. À l'époque, je cherchais à modéliser en informatique le terrain d'aviation de Lille-Lesquin afin de créer une animation 3D qui puisse montrer l'évolution de cette plate-forme aéroportuaire depuis 1917 à nos jours. En échangeant avec lui sur le midi, je découvre qu'il est passionné lui aussi d'aéronautique et qu'il pratique assidûment depuis une dizaine d'années, un domaine qui m'était totalement étranger, le vol virtuel sur son PC avec Flight Simulator. Ayant connaissance de mon projet, il m'enregistra sur un dvd une captation vidéo d'un atterrissage de son Cessna virtuel sur l'aéroport de Lille. Je découvris, médusé, le réalisme des bâtiments que je connaissais par cœur, reconstitués à l'écran en 3D. J'appris alors qu'il faisait partie d'une communauté assez nombreuse de passionnés qui se retrouvent en réseau pour effectuer des missions de vol ultra réalistes entre Montélimar et Colmar, Marseille et Toulouse, pour relier Orly à Papeete ou Roissy à New-York aux commandes d'un jet ou d'un A 320. Tout était réuni en matière de réalisme, que ce soit pour les commandes de vol, l'aspect des aéroports et des zones survolées, les conditions météorologiques voire les contraintes du trafic aérien. Il faut dire que le fabriquant du logiciel était l'avionneur américain Lockheed Martin, qui avait offert au public un extraordinaire joujou initialement conçu pour la formation de ses pilotes.

À partir de cette rencontre, j'ai senti que mes ailes mermoziennes se remettaient à pousser. OUI, j'allais de nouveau voler ! Mais cette fois sans risque pour mes proches et ma famille et sans risque non plus pour mon compte bancaire car la demi-heure de vol tombait au coût dérisoire de la seule consommation électrique. Certes, il me fallut au départ casser un peu ma tirelire, car je dus tout de même investir un bras dans l'affaire. Acquérir un - très gros - PC de gamer, acheter le logiciel de vol avec toutes les extensions de paysages et d'aérodromes correspondant à la zone d'Europe que je souhaitais « survoler ». Enfin et non des moindres, acquérir le casque de réalité virtuelle le plus pro du moment, donc le plus cher, afin de complètement m'immerger dans mes missions aériennes. Je me mis à fréquenter des forums de passionnés par le vol numérique qui créaient des avions virtuels et recréaient de petits aérodromes locaux. Et c'est ainsi que j'ai pu retrouver mon aérodrome fétiche de Ruoms. Désormais aux commandes du PA 18 ou de mon Rallye, je prenais les airs et retrouvais un environnement familier. Avec ses hangars, son club-house et sa station essence, le concepteur avait poussé le réalisme jusqu'à mettre des personnages sur la terrasse du club qui nous faisaient coucou de la main lorsqu'on décollait. La première fois où je pris mon envol, j'eus la divine surprise de voir sur le parking de l'aérodrome, parmi les quatre véhicules stationnés, MA voiture, une exacte réplique de mon véhicule Citroen C4 Picasso avec sa couleur grise métallisée (l'immatriculation en moins tout de même) ! Coïncidence, hasard ou nouveau clin d'œil du destin. « Le hasard, c'est Dieu qui se promène incognito » aurait dit Einstein. Je ne sais s'il existe un dieu pour les pilotes en herbe comme pour les chevronnés mais il me plaît de voir et d'interpréter des signes comme d'autres s'amusent à interpréter des cartes.

La troisième caractéristique du pilotage virtuel et la plus importante à mes yeux, c'est qu'il m'ouvrait la voie à des aventures aériennes que jamais la vraie vie ne m'aurait permis de vivre. Oui, j'ai bien écrit « vivre », car ressentir c'est vivre. Ressentir le désir, le stress, l'angoisse, la peur, la joie, tout cela s'apparente bien au vécu surtout lorsqu'on en est à la fois l'acteur et le spectateur d'une situation reliée à la passion. Et ce, d'autant que la magie du numérique et de la réalité virtuelle réussit à berner totalement les perceptions de notre cerveau. Descendre dans les gorges de l'Ardèche en survolant les flots à trois mètres puis franchir l'arche du Pont d'Arc ! Renouveler l'exploit sur les Champs-Élysées en passant sous l'Arc de Triomphe comme le fit Charles Godefroy le 8 août 1919 avec son Newport. Décoller depuis Annecy aux commandes très rudimentaires d'un biplan Bréguet 14, comme celui que pilotait Guillaumet, puis traverser les Alpes lors d'une tempête de neige pour survoler le Mont Blanc à son exacte verticale. De là gagner la Suisse pour survoler de nuit le Lac Léman et se poser sans casser du bois à Genève. Survoler l'Atlantique sud aux commandes d'un trimoteur Couzinet 70 « Arc-en-Ciel » strictement identique à celui qu'utilisa Jean Mermoz quand il relia Le Bourget à Buenos Aires le 12 janvier 1933.

Découvrir l'habitacle, le tableau de bord et les commandes d'un Lockheed P38 « Lightning » et survoler Marseille, son port et la grande bleue comme le fit Saint-Exupéry en juillet 1944. Décoller depuis Lille-Lesquin aux commandes d'un jet, survoler Lille pour gagner Dunkerque, traverser la manche, saluer au passage son trafic maritime, survoler les falaises blanches du Kent jusqu'à l'estuaire de la Tamise. Remonter celle-ci jusqu'à Londres et réaliser visuellement l'immensité de cette agglomération urbaine qui fait dix fois la surface de Paris. Aussi virtuelles qu'elles puissent paraître, toutes ces expériences se sont pleinement intégrées à mon vécu.

« Je me suis libéré des emprises de la terre, pour danser dans le ciel (...) Et alors que mon esprit silencieux s'élevait, au travers du sanctuaire inviolé de l'Espace... j'ai sorti une main... et caressé le visage de Dieu » écrivit le poète et pilote de Spitfire John Gillespie Magee, tué en mission en 1944, la même année que l'auteur du *Petit Prince*.

En conclusion de ce chapitre qui clôturera le présent ouvrage, je dois confesser qu'il existe tout de même un petit défaut à la navigation aérienne virtuelle. Comme elle est difficilement compatible avec une vie professionnelle et familiale bien remplie, beaucoup de pilotes virtuels volent la nuit, comme autrefois Saint-Exupéry, ce qui réduit immanquablement la durée du sommeil dit réparateur. Mais croyez-le ou pas, ces vols de nuit sont pour moi très réparateurs. Et parfois, à travers les vitres du cockpit, si je ne caresse pas le visage de Dieu, je croise le sourire de Saint-Ex, le regard de Mermoz et l'amour de mon Papa.

Rêves que tout cela ? Je répondrai que le rêve est une réalité et que notre réalité pourrait très bien n'être qu'un rêve. Et que nous soyons dans une réalité rêvée ou dans un rêve réalisé, l'amour est toujours la force qui nous permet d'y déployer nos ailes.

Je souhaite bon vol à tous les amoureux du ciel et à tous les amoureux de la vie.

Épilogue d'un instit

Dans ce recueil de nouvelles, fortement autobiographiques, il fut très peu question de mon premier métier de cœur, celui d'enseignant, plus précisément d'instituteur, terme que je préfère à celui de professeur des écoles. Un professeur enseigne une matière qui le passionne, un instituteur institue l'humanité en l'homme et l'objet de sa passion c'est l'enfant lui-même qu'il met au centre de sa pédagogie. Un instituteur se doit aussi d'être un spécialiste de tout, c'est-à-dire de la culture générale. Je ne pouvais terminer ce livre sans effleurer ce sujet en épilogue.

J'ai eu la chance de rencontrer dans mon cheminement scolaire des professeurs qui m'ont transmis l'amour de l'histoire, de la philosophie et de la science, et je me suis mis à aimer ces matières parce que leurs cours étaient passionnants. Quand on est passionné, on est toujours passionnant et je dirais d'un enseignement qu'il est réussi s'il parvient à transmettre cette flamme de la passion. La passion véhicule la curiosité, le désir, le plaisir de la découverte, le plaisir de comprendre, de créer, de rêver et de jouer ! Oui jouer, car le jeu englobe tout, le rêve, l'imagination, l'identification, l'engagement. Le jeu est le travail de l'enfant, disait Maria Montessori, et si l'école accomplissait correctement sa mission, elle épanouirait l'enfant de manière telle que son métier deviendrait plus tard son jeu de l'adulte.

Je crois qu'on aime les enfants et le monde de l'enfance quand on a su préserver son âme d'enfant, c'est-à-dire son amour du jeu. Fondamentalement, je sais que je reste ce petit garçon qui faisait des pâtés de sable, jouait aux billes, adorait barbouiller à la gouache et glisser sur des toboggans. Seuls les jouets ont changé, j'ai troqué mes Lego et petites voitures pour les touches d'un clavier et un logiciel de montage, mais ce sont toujours le même scintillement dans le fond des yeux et la même chaleur dans le cœur qui palpitent. La sagesse peut s'épanouir dans la quiétude d'un esprit adulte certes, mais le bonheur fleurira toujours dans le cœur de l'enfant qui est en nous. Car seul l'enfant connaît la recette magique du bonheur : « Toujours vivre avec intensité le moment présent. »

Après 40 ans d'exercice du métier d'instituteur, débuté dans une école très difficile de la rue du Coq Français à Roubaix, pour se terminer plus sereinement à Aubenas dans l'école Beausoleil, la bien nommée, je pense avoir tant d'anecdotes et de nouvelles à rapporter que plusieurs volumes comme cet ouvrage seraient nécessaires pour ce faire. Peut-être cela s'écrira-t-il un jour ? À ce point de mon écrit, surgit précisément dans mon esprit une anecdote que je livrerai en conclusion de cet ouvrage. La cinquantaine mûrissante, je m'étais mis dans la tête de postuler sur la liste d'aptitude aux fonctions de directeur d'école. Alors que l'entretien à Privas s'était bien passé, je reçus un mois plus tard une lettre m'informant que ma candidature n'avait pas été retenue. Motif : « Vision trop restrictive de la fonction de directeur ! » Ah bon ? Tiens donc. M'enquérant du pourquoi du comment, je découvris que mon inspecteur avait émis un avis défavorable. Prenant rendez-vous pour le questionner, il se montra visiblement embarrassé, d'autant qu'il venait de rédiger un rapport d'inspection à mon égard avec une note pédagogique très généreuse, « travail sérieux », maître « chevronné », et blablabla.

Dans un premier temps, il fit quelques contorsions pour m'expliquer que la fonction de directeur était bien spécifique, qu'il savait l'instituteur qu'il perdrait mais pas le directeur qu'il trouverait, etc. Au moment de nous quitter, il me lâcha sans détour : « Et puis vous savez, Courouble, si vous arrêtiez le journalisme, le théâtre et le cinéma, et que vous vous contentiez d'écrire un livre de temps en temps, je pourrai revoir ma position. » Ah... Nous y étions... C'était donc cela la raison profonde et le vrai visage de mon supérieur hiérarchique et du coup, à travers lui, celui de l'institution. Je ne l'ai pas contrarié et l'ai même remercié pour sa sage décision. Il avait finalement raison, ce brave homme, je n'étais pas fait pour le job. Il valait mieux que je continue à faire dans ma classe du théâtre, de la vidéo et faire écrire à mes élèves du CM2 des journaux de classe, plutôt que de devenir le petit commis d'une institution qui prétend éveiller les enfants mais qui passe à ce point à côté de l'essentiel.

La reforme dans l'éducation ne viendra pas des textes, ni des outils ou des méthodes, mais uniquement de la qualité de la relation qui s'établira entre l'élève et l'enseignant, disait Carl Rogers. Et cette qualité, elle porte un nom selon moi : l'amour. Mais hélas cette dernière n'est pas inscrite dans le contenu des programmes officiels.

Merci, ami lecteur, de m'avoir suivi jusqu'à ce point final de ce petit recueil.

Portez-vous bien, et surtout ne renoncez jamais à chevaucher vos rêves !

Votre humble écrivaillon,

Pierre Antoine Courouble,
pilote de ses rêves depuis 1960.